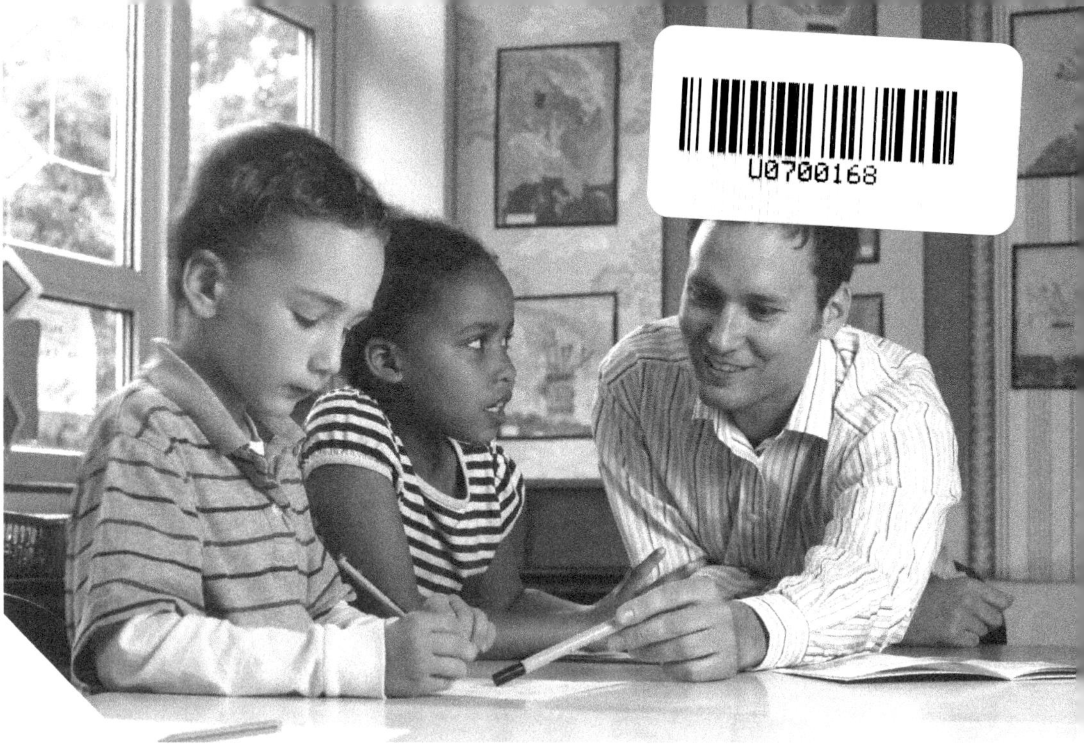

培养双语儿童
——全球双语家庭教育解密

[美] 巴巴拉·祖瑞尔·皮尔逊 著
孙斯扬 陈施露 译

© 2015 北京语言大学出版社，社图号 15132

图书在版编目（CIP）数据

培养双语儿童：全球双语家庭教育解密／（美）皮尔逊（Pearson, B.Z.）著；孙斯扬，陈施露译．——北京：北京语言大学出版社，2015.12（2023.7重印）

ISBN 978-7-5619-4231-4

Ⅰ.①培⋯　Ⅱ.①皮⋯　②孙⋯　③陈⋯　Ⅲ.①儿童教育－双语教学　Ⅳ.①G613.2

中国版本图书馆 CIP 数据核字（2015）第 206132 号

培养双语儿童——全球双语家庭教育解密
PEIYANG SHUANGYU ERTONG—QUANQIU SHUANGYU JIATING JIAOYU JIEMI

责任编辑：于华颖		**美术设计**：张　静	
责任印制：邝　天			

出版发行	北京语言大学出版社
社　　址	北京市海淀区学院路 15 号，100083
网　　址	www.blcup.com
电子信箱	service@blcup.com
电　　话	编辑部　8610-82303393/3700
	发行部　8610-82303650/3591/3648
	北语书店　8610-82303653
	网购咨询　8610-82303908
印　　刷	北京虎彩文化传播有限公司
版　　次	2015 年 12 月第 1 版
印　　次	2023 年 7 月第 5 次印刷
开　　本	787 毫米 × 1092 毫米　1/16　**印　张**：13.75
字　　数	203 千字　**定　价**：49.80 元

PRINTED IN CHINA

凡有印装质量问题，本社负责调换。售后QQ号1367565611，电话010-82303590

中文版序

看到本书中文版顺利出版，我深感荣幸。在我小时候，中国对西方世界是"封闭"的，所以我并不了解中国人的日常生活是怎样的，一切仅仅停留在想象之中而已。近些年，随着中美文化交往的增多，我很高兴认识了不少中国的朋友和同事，很多美国人也到中国旅游或工作，甚至有人还学会了汉语。

对于旅居海外的千百万华人来说，这本书的益处和作用是显而易见的，因为他们都不希望与国内亲友失去紧密联系。在身居海外的双语家庭中，父母能够继续参与到国内亲友的生活当中，而孩子在学会本民族语言后也能更好地了解和尊重自己祖先的文化。

对于中国国内的读者来说，这本书能够帮助他们拓展与海外的联系和交往。我认为，现在大量的中国学生在学校学习英语等其他语言，应该说是社会的积极发展与进步，不过正式的语言教学往往停留在理论层面。我希望这本书能够让英语和其他语言走出课堂，走进人们日常生活的方方面面。

本书的出版得到了很多人的帮助，其中首先要感谢的是孙斯扬，是他让此书的"中文版之梦"成为现实。他在给我的邮件中写道："如果不是读了您的书，我的朋友就不会决定对女儿进行双语培养。我希望把这本书翻译成中文并把它介绍到中国，这样很多华人就能够有机会向您学习如何对孩子进行双语培养。"在斯扬的鼓励下，我从兰登书屋出版社争取到了本书的外文翻译权，随后将书稿的国际版发给他和陈施露进行翻译（西班牙语版和波兰语版已经出版，法语版和俄语版即将面市）。密歇根大学的Twila Tardif教授为我讲解了中英文的语言差异。香港理工大学的陈咏珊教授为我详细介绍了中国在言语治疗方面的背景和现状。国际邮箱系统Infochildes帮助我联系到了世界各地的华人家庭，他们为我提供了很多双语培养的新案例。

此外，麻省大学的王志军教授和他的夫人谢英珊女士曾经为我翻译了书中的很多章节，使我能够与中国朋友分享本书的内容。张晓丽校读过前几章的译稿。研究生黄心纶曾帮助我与中国有关方面联系。来自阿默斯特的Zoe Tessler是个有天赋的学生，她为本书画了很多插画。同时，我也得到了很多同事的鼓励，包括来自香港中文大学的 Virginia Yip 和香港大学的 Stephen Matthews 两位教授，以及来自伦敦大学学院的李嵬教授和宾夕法尼亚州立大学的李平教授等。他们都认为这本书在双语教育方面极具实用性，无论是对海内外的华人家庭来说，还是对日益增多的非正式儿童语言学校的师生来说，都会有很大帮助。

这本中文版和英文原版一样，汇集了我多年来的科研工作成果。这些成果很大程度上要归功于迈阿密大学"双语研究课题组"的同事们——Kim Oller、Vivian Umbel、Maria Fernandez、Alan Cobo-Lewis、Virginia Gathercole、Rebecca Burns-Hoffman，以及 Sylvia Fernandez 和 Ana Navarro 两位同学。同时，我必须要感谢美国国立卫生研究院对我工作给予的莫大支持。马萨诸塞大学的研究伙伴们也一直给予我巨大的鼓励，尤其是 DELV 团队成员 Harry Seymour、Tom Roeper、Jill deVilliers 和 Peter deVilliers。我还要感谢世界各地的双语研究的同行们，和你们一起工作是我无比的荣幸。在书中我们会看到他们的名字。

本书从雏形到成稿得到了很多人的帮助，我要感谢本书最早的几位读者——我的姐姐 Carol Kline（她可是最严格的"监工"）、女儿 Sam Pearson、邻居 Pat Schneider、同事 Loren Walker，以及帮我核实各种信息的 Marielle Lerner。我还要感谢我的丈夫 Wilbur，他给了我充足的时间和空间来完成整个项目，尤其是在截稿前的那些日日夜夜，他给了我很多宽容和鼓励。

同时，我非常幸运能够得到北京语言大学出版社于华颖老师的信任。作为本书的责任编辑，她在各个出版环节中发挥着重要作用，对本书的出版给予了极大的支持与帮助，最终让这本书呈现于读者的手中。

最后，我想再次感谢本书英文原版编辑、纽约兰登书屋出版社的 Zviezdana Verzich 博士。当年是她建议我写出这本书，我才开始有机会与世界各地的读者交流，共同探讨这个在现在和将来都牵动人心的话题——培养双语儿童。

巴巴拉·祖瑞尔·皮尔逊
2015 年 6 月于美国马萨诸塞州阿默斯特

目　录

- 中文版序 / I

- 引言 / VII
  - 个人爱好与专业兴趣 / VIII
  - 这本书是写给谁的？ / IX
  - 给读者的鼓励和实用建议 / IX
  - 如何使用本书 / X

- 第 1 章　双语童年益处多 / 1
  - 一、双语培养有多普遍？ / 2
  - 二、双语培养的优势 / 3
  - 三、不同类型的双语培养动机——出于实用还是热爱？ / 5
  - 四、双语比单语好在哪儿？ / 8

- 第 2 章　学习第一语言 / 25
  - 第一部分　儿童如何学习语言 / 26
  - 一、无比强大的学习能力 / 26
  - 二、儿童掌握语言和交流的两种方式——"自下而上"与"自上而下" / 27
  - 三、语言学习的里程碑 / 34
  - 第二部分 "培养"的作用——如何更好地帮助孩子学习语言 / 37
  - 一、多和孩子说话 / 38
  - 二、认真倾听 / 38
  - 三、进行面对面的互动式交流 / 38
  - 四、多赞扬！多鼓励！ / 39
  - 五、间接纠正孩子的语言 / 39
  - 六、帮助孩子讲故事 / 40
  - 小结：为独立而养育 / 42

第 3 章　学习双语或多语　/ 45

一、成为双语者的不同道路　/ 47

二、语言由大脑的哪部分掌控？控制两门语言的大脑部位是否相同？　/ 57

三、儿童大脑具有包括语言在内的特殊的学习适应力　/ 60

四、儿童与成人的一语习得和二语习得　/ 65

五、在其他孩子学习一门语言的时候学习双语　/ 70

六、促进儿童双语发展的策略　/ 74

第 4 章　营造双语环境　/ 77

一、成为双语儿童的条件　/ 79

二、家庭中最常用的策略　/ 80

三、特殊情况　/ 83

四、儿童能否成为主动双语者的影响因素　/ 86

五、扫除障碍　/ 92

六、当孩子想放弃弱势语言时，你该怎么办？　/ 93

七、你的双语目标　/ 98

第 5 章　双语儿童家庭培养实例　/ 101

一、选择你的策略　/ 103

二、经典模式——"父母分工"策略　/ 104

三、"父母分工"策略之"选择性双语"模式　/ 109

四、"家庭使用弱势语言"策略　/ 116

五、"因时因地"策略——偶然双语者　/ 119

六、多种策略组合　/ 122

七、学校的贡献　/ 126

八、最佳策略　/ 133

九、策略抉择　/ 134

十、如何提供学习动机和机会　/ 135

十一、锦囊妙计　/ 136

- **第6章　有无法学习双语的孩子吗？**　/ 139
  - 一、背景　/ 141
  - 二、出现语言障碍怎么办？　/ 142
  - 三、对诊断的质疑　/ 145
  - 四、做出正确的决定　/ 152

- **第7章　单双语儿童的差异对比研究**　/ 155
  - 一、双语儿童的语言发展是更慢、更快，还是相同？　/ 157
  - 二、选择双语并行，还是先一语后二语？　/ 174
  - 三、从标准化测试可以看出单双语儿童的哪些区别？　/ 179

- **第8章　双语者的身份认同**　/ 187
  - 一、是一种文化，还是两种文化？　/ 188
  - 二、是混乱，还是丰饶？　/ 193

- 常见问题及索引　/ 194
- 解开围绕双语儿童的十二个迷思　/ 196
- 术语表　/ 198
- 主要参考文献　/ 203
- 后记　/ 205

表格目录

表 1　语言学习的里程碑 / 35
表 2　促进儿童语言发展的 12 个诀窍 / 42
表 3　双语者分类——按学习时间和语言水平 / 51
表 4　双语者分类——按学习地点和使用方式 / 51
表 5　双语者分类——按语言水平和语言模式 / 52
表 6　促进双语发展的 12 个诀窍 / 75
表 7　父母的回应策略 / 94
表 8　语言资源自我评估表 / 99
表 9　弱势语言资源汇总表 / 100
表 10　锦囊妙计之如何鼓励孩子说弱势语言 / 136

图示目录

图 1　"使用"字词和"看到"字词 / 10
图 2　语言习得机制（LAD）/ 27
图 3　语言之塔 / 28
图 4a　双语同为一语习得（双语平衡）/ 48
图 4b　早期二语习得（两"树"同根）/ 49
图 4c　第二语言习得（一语更强）/ 49
图 4d　第二语言习得（二语更强）/ 49
图 4e　双语同为一语习得（双语不平衡）/ 50
图 5　大脑中的语言中心 / 58
图 6　儿童神经发育 / 62
图 7　语言输入、熟练程度和应用的关系 / 87
图 8　双语者和单语者的接收性词汇比较 / 170
图 9　双语者和单语者的表达性词汇比较 / 171
图 10　移民家庭中的双语儿童 / 177

引　言

如果你会讲两种语言，正在考虑或者已经在培养孩子成为双语使用者，那么这本书是写给你的。

如果你只会一种语言，想知道自己是否也能培养出一名双语儿童，那么这本书同样适合你。

如果你只是想一探究竟，了解儿童是如何神奇地同时掌握两种语言的，那么这本书里依然有你想要的答案。

《培养双语儿童——全球双语家庭教育解密》是养育双语宝宝必备的指导书。书中不仅有具体的培养方法，也会告诉你可能遇到的各种情况和问题。本书的内容十分丰富，除了方法之外，还阐述了方法背后的理论依据。你也可以把这本书当作一个便捷的索引和指南，选用适合自己的培养策略并获得指导。你或许和我一样，正为孩子们在掌握语言的道路上所取得的诸多奇迹惊叹不已，并渴望了解他们在各个阶段究竟有着怎样的经历——这本书将为你一一呈现。

在《培养双语儿童》一书中，我不仅想和广大读者分享我对语言的热爱，也期待有一天我们能实现"全世界范围的双语"。尽管这个提法听上去有些极端，但是我们并没有理由拒绝。为什么不让全世界的人们都从小就学会两种甚至更多的语言呢？许多来自不同国家的人在和我聊天的时候都会说，在他们的故乡（比如危地马拉、丹麦、以色列、印度等），人们都希望自己的孩子从小就能掌握两种语言。事实上，培养孩子掌握多种语言已经是一个非常普遍的做法了。比如在美国，很多外交官、影视明星和有跨国业务的商人的家庭都是这样做的。或许他们的生活方式和我们有些不同，但他们的孩子和我们的别无二致——他们的孩子生来所具备的语言学习能力，我们的孩子同样拥有。

个人爱好与专业兴趣

我对"双语成长"这个领域的关注,既出于个人的热爱,也源于专业上的兴趣。我会讲英语和法语两种语言,但我并不是在双语环境中长大的,而是直到成为一名大学交换生才学会了第二种语言。从纽约去巴黎的时候,我风华正茂,才20岁出头。可能是由于生活在另一种语言环境当中,我觉得整个人焕然一新,就像发现了一个更广阔的世界。由于我可以用法语跟法国人交流,所以我听到了他们许多独特的人生经历。这一切都是我从前在纽约时无法想象的。

不仅如此,我还发现每当说法语的时候,我都会变得更加开朗健谈。我甚至还用法语写过诗——我用英语都很少写诗!虽然在严格意义上说,当时的我已经无法将第二语言学到母语的程度了,但是却常常有人把我误认为是法国人。这种感觉就好像自己参加了一个"语言奥运会"——当有人认为我来自法国某个省的时候,我算是得了块铜牌;当有人说我是瑞士法语区来的①,那我相当于拿了银牌;当然,如果有人说我是巴黎人,那我就是金牌得主了——不过很可惜,还从没有人这么说过。

我的几个孩子也不是从一出生就开始双语培养的。(毕竟,那时候还没有这本书!)不过幸运的是,我们住在语种丰富的佛罗里达州迈阿密市,孩子们从小就对语言怀有极大兴趣。现在他们都长大成人了,虽然也会讲两种语言,但第二语言的水平比起母语还是差了一截。因为若想使第二语言达到母语的程度,应该在更小的时候就开始学习。

尽管讲两种语言已经是我成年生活的重要部分,但在童年时期我并没有机会在双语中成长。令人欣慰的是,现在我作为一名大学的研究人员,可以有幸和25个有意培养双语宝宝的家庭一起近距离感受这些孩子成长的喜悦。这些父母非常大度,他们允许我和迈阿密大学的同事在不干扰孩子的情况下,尽可能地对孩子们的语言发展情况进行全面记录。最初见到这些孩子的时候,最小的只有3个月大。我们亲历了这些孩子从咿呀学语到在双语中成长起来的过程。其间,这些家庭多次来到我们的实验室,我们和许多家庭成了朋友。

---

① 由于法国各个省份方言多样,相比之下,瑞士法语区的法语更加接近法国的标准法语。

甚至在项目结束很久以后，还有许多父母带着孩子来找我们，继续对孩子的语言发展进行记录。许多研究成果都已经公开发表。我们的项目不是以单个儿童为对象的个案研究，而是首批开展的以少年儿童双语者为对象的大规模研究。不过从许多方面来看，这也类似于25例个案研究。

这个项目就是我和 D. K. Oller 博士共同主持的迈阿密大学"双语研究课题组"（Bilingualism Study Group，BSG）。我们的研究对象包括多个年龄段的双语使用者——婴儿、幼童、小学生、大学生，以及几名成年的双语者。根据这些研究成果，我们合作编写了一部学术著作，并做了大量的学术演讲，还在同行评议的学术刊物上发表了多篇论文。目前，有关双语培养的观点和理念越来越多，而且常常彼此矛盾，而我的这些经历使我有能力对这些信息进行甄别。在本书中，我将把那些对父母最有帮助的信息呈现给大家。

这本书是写给谁的？

《培养双语儿童》是写给广大年轻父母、准父母，以及他们的亲朋好友的。如果你是孩子的爸爸妈妈，在本书中你会找到培养双语宝宝所需的培养策略、理论依据等各种信息。请放心，本书介绍的方法全部以科学研究结果为基础。如果你的亲戚朋友中有双语家庭，你也可以了解这些双语家庭的需要。如果有些读者从来没有想过双语培养这件事，只是碰巧看到了这本书，我也会非常高兴，因为本书能教你如何认识并创造一个利于孩子茁壮成长的双语环境。

总之，这本书将拓宽我们审视双语现象的视野，提供激励孩子使用双语的方法，介绍如何在日常生活中给孩子更多机会，让他们用双语进行有意义的交流和互动。

给读者的鼓励和实用建议

在很多潜在的双语家庭中，即便家中的成年人已经在说两门语言了，但是父母往往缺乏实用的建议和指导。这本书会一步步地指导你，给你提供实用的信息、建议和鼓励，帮助你为孩子营造并保持双语环境。

许多读者已经认识到了双语儿童的诸多优势。有些家庭正在为孩子创造双语成长的条件，也有的家长希望改善单语家庭的语言环境，为孩子成为双语者铺平道路。

同时，这本书也会让你更加坚定双语培养的信念，用科学研究结果向你展示很多双语儿童特有的优势。书中还有很多成功培养双语儿童的家庭案例，也有双语者回忆自己的双语成长经历。我尽可能多地在书中加入了双语培养方面的资源，供家长参考和使用。

在这里，我也想请人们再次反思一下所谓的双语培养的"弊端"，比如"双语会使孩子困惑""太早学习第二语言会弱化孩子的第一语言"等。本书传递的信息和展示的科学例证会推翻这些谣传，大大增强你将孩子培养为双语者的决心。

我在美国，所以美国是我这本书的参照点，但是书中的信息和建议绝不仅仅适用于美国。实际上，书中的建议在其他国家也许更适用。

通过这本书我不仅想让你知道培养一名双语儿童是多么令人向往，还要帮助你将之变为现实。我的孙子孙女们就是在双语环境中长大的。相信此书会让他们的父母和其他读者共同受益。

如何使用本书

本书分为八章，按照逻辑顺序编写。不过忙碌的家长完全可以根据自己的需要跳跃式阅读。下面按章节顺序列出了各部分的主题供读者参考。

让我们开始吧！

章　节	具体内容
第1章	支持双语培养的研究和论据
第2章	儿童学习第一语言的基础要素
第3章	成为双语者的基本条件
第4章	双语家庭和双语社区的主要策略
第5章	双语家庭培养实例（第4章策略的运用）

第 6 章　对于可能有特殊情况的孩子，双语培养中需要注意哪些问题

第 7 章　双语培养不会给儿童认知及学业发展带来负面影响的科学证据

第 8 章　双语儿童的身份认同

第1章
双语童年益处多

在本章中,你既能了解到成为双语儿童的诸多益处,也能为做出培养双语儿童的决定找到坚实的理论支持。

我们来看看:

- 为什么许多和你一样的父母也希望孩子会说不止一种语言?
- 孩子在智力和创造力方面能从双语培养中收获什么?
- 家庭和社区在双语培养中如何受益?

本章提到的几项研究展示了双语带给孩子的如下好处:

- 更超前的语言知识;
- 更强的认知能力;
- 社交与文化能力的成长。

你还会发现,父母不必会说两种语言,也一样能培养出双语宝贝!

一、双语培养有多普遍？

> 只要提早筹划，孩子完全能够以习得母语的方式掌握第二种、第三种语言，并不需要在课堂中专门学习。

我们都知道，儿童不需要任何指导，就能通过与看护者的亲密互动自然而然地学会母语。其实，只要父母提早一点儿筹划和思考，孩子完全能够以同样的方式掌握第二种，甚至第三种语言，并不需要在课堂中专门学习。

在许多地方，特别是像美国这样以单一语言为文化主导的国家，很多人都认为只讲一种语言是儿童最自然的成长方式。事实并非如此，因为世界上几乎没有哪个群体可以与外界保持完全隔离的状态，并能一直存在下去。虽然美国媒体曾就语言和语言教育进行过争论，让人以为美国是单一语言的国家，但其实早在殖民地时期以前，这里就有英语之外的许多种语言了。

你或许会惊奇地发现，美国的"语言多样性指标"（使用不同母语的国民比例）达到了35%，并不是很低。同其他国家相比，美国处于平均水平。尽管低于加拿大的55%，却比法国、德国、希腊和英国等三分之二的欧洲国家要高。由此可见，在美国还有很多潜在的双语者之前都没有被考虑在内。目前，有300多种语言正在美国使用。根据2000年的人口普查，大约11%的美国人是在国外出生的，近20%的人不说英语。显而易见，双语现象已经成为生活中的事实，我们完全可以利用双语来惠及自己的家庭。

许多在异国长大的美国人都有这样的体会，就是会说多种语言的人在当地是很吃香的。一些国家的父母很早就会让孩子接触第二种语言，因为这样孩子就能把二语说得和母语一样好。语言学家 Althea Gupta 指出，在印度和新加坡，大多数家庭都在家里交替使用两到三种语言，父母希望孩子把几种语言都学会。刚入幼儿园的孩子很少有只会一种语言的。

在许多国家，学校里正式的外语学习都比美国开始得早。甚至在上小学以前，很多家庭就开始雇人教孩子学外语了。他们还会带孩子出国，让孩子了解异国文化，亲耳听听异国语言，进而激励孩子去努力学习这些语言。这些父母有很强的信念，他们相信早期的第二语言学习经历能丰富孩子的阅历，所以当听说美国媒体质疑双语培养的时候，他们感到颇为不解。

二、双语培养的优势

在本章的后半部分，我们会借鉴已出版的研究成果，进一步介绍双语培养对儿童智力、创造力和思维灵活性等方面的积极影响。社会学家已经证实，父母对其他文化的开放与积极态度，以及对他人的尊重，与他们曾经学习其他语言、与拥有其他文化背景的人密切交往的经历是分不开的。

首先，让我们听听双语家庭的成员是怎么说的。父母为什么要进行双语培养？孩子们觉得自己收获了什么？在本书以及已发表的报告中，我调查了100多个家庭，搜集了他们的答案。在整本书中都可以看到受访家庭的反馈。这些家庭的详细情况将在第5章和第6章中介绍。

父母视角看双语培养的优势

我发现，有双语成长背景的人很少提及自己在认知和智力方面的优势。因为对他们大多数人而言，语言是内化于心的，是与家庭、亲密关系和文化身份密不可分的。

> 语言是内化于心的，是与家庭、亲密关系和文化身份密不可分的。

Christina Bose在"多语儿童网"（www.multilingualchildren.org）上留言说："我一直都没教孩子说我的母语瑞典语，直到我第一次带她去外祖父母家，看见她和家里的孩子玩儿，才意识到如果她不会说瑞典语，就会完全失去与这个大家庭联系的重要纽带。于是从那以后，我就开始和她说瑞典语了。"

有些父母则考虑得更加实际，尤其是那些短期出国的人。他们会跟孩子讲两种语言，这样孩子回到本国时就可以毫无语言障碍地重新回学校读书。还有的人之所以决定出国工作，原因之一就是希望孩子能够在小时候轻松地掌握另一种语言。下面这对夫妇则是从两个角度来看待这个问题的：

"我们觉得这是一个非常好的机会，一方面是因为我自己就有童年学习双语的美好经历；另一方面是如果像我先生那样，成年后才开始学习第二语言，这个过程将是非常艰难的。"

有些父母并没有选择母语作为家庭的日常语言，而是选择了他们讲得流利的那种语言。与那些选择母语，而母语又非社区主要语言的家庭相比，这些父母其实是做出了更加深思熟虑的选择。他们对双语培养的态度同样非常乐观：

"掌握双语对孩子有益无害。"

"在多元文化的社会里，双语的孩子有更强的社会意识，对其他文化和习俗会更加开放和包容。"

"我觉得我语言能力的提高是受学习西班牙语的影响。对我来说，这是非常意外的收获。"

尽管这些父母并不是在双语中成长的，但是他们大都热爱旅行，并且对外语并不排斥。这些为孩子营造双语家庭环境的父母，往往小时候就选择到国外学习，或者被班里中途转学来的国外出生的孩子所吸引。参与调查的家长中有一对来自美国马萨诸塞州剑桥市的夫妇。他们的母语不是英语。十几岁时他们就发现了不同语言的奇妙之处。现在，作为父母，他们坚信应该让女儿学会三种语言，而且一直努力使之成为现实。他们的女儿今年11岁，除了英语以外，已经熟练掌握了西班牙语和美国手势语。现在小女孩决定开始学习自己的第四种语言——汉语。

此外，没有第二语言背景的父母们同样被一些优秀的儿童外语培训学校和培训项目所吸引。

"我们的学校采用沉浸式教学，既能给孩子最佳的语言体验，又能为孩子的学习打下坚实基础。"

孩子视角看双语培养的优势

很多人都说他们非常后悔小时候没有多学几种语言，而我几乎从未听谁后悔自己学了其他语言。大多数儿时掌握双语的人都称自己的双语能力为"天赋"。在他们的记忆中，自己是轻松自然地说着两种语言长大的。会讲英语和西班牙语的 Ana 说："我的第二语言英语一定是很简单的，因为我完全不记得我学过。我觉得自己一直就会说英语。"其实，许多像 Ana 这样的人在说起儿时的双语经历时很少会有负面的评价。很多人都告诉我，他们看到的全是双语的好处：

"能在双语家庭中长大我真是太幸运了。"

"它丰富了我的人生……让我能够欣赏到异国文化。"

"如果有可能，我希望把同样的财富送给我的孩子。"

> 大多数儿时掌握双语的人都称自己的双语能力为"天赋"。

三、不同类型的双语培养动机——出于实用还是热爱？

语言学习研究先驱 Gardner 和 Lambert 将第二语言学习的原因和动机分为两大类型：**实用型**与**情感型**。前者将语言当作实现目的的工具，如为了找工作；后者则是出于对语言的热爱，以及想成为该语言群体的一员的愿望。这种分类有助于我们理解人们学习新语言的动机，无论是在本国学还是在外国学。

> 第二语言学习的原因和动机分为实用型和情感型。

实用型

双语的实用型益处有很多，其中一个主要实用型动机就是获得只提供给双语者的工作机会。懂另一个国家的语言也会使出国旅行和留学更容易。你可以同更多的人进行交流，拓展职业发展机会。例如，对于一个懂外语的商人来说，说那种语言的所有国家都可能成为他的潜在市场。智利裔美国诗人 Ariel Dorfman 曾说过，史前的商人首先发现"谁会说两种语言，谁就能在买卖、交换和占有中获得先机和优势"。

如今在中国，人们对于儿童的早期二语学习有着巨大的热情，尤其是英语。尽管多数人在大学毕业时已经学习了十几年英语，但他们的语言流畅度与英语母语者相比仍相去甚远。如果儿童能够早些开始学习英语，其实有很多适合他们年龄的英语教学方法，比如结合音乐、故事、游戏等，不仅可以让学习变得更加轻松，也可以避免长大后再把英语作为学科来学习的枯燥。现在越来越多的家庭把孩子送到国外读书，如果孩子在小时候就打下了扎实的英语基础，那么他们在国外就可以学到一口更加地道流利的英语。很多家庭即便难以承担孩子海外旅行的费用，也可以在当地找到一些来自英语国家的人寻求帮助。另外，要想获得国外工作机会，也一定要攻克英语听力和口语难关。若是能够精通一门外语，还有机会在外交及国际经贸领域大显身手，帮助不同语种的人们架起文化理解的桥梁。

对于拥有 23 种官方语言的欧盟国家来说，儿童的双语培养几乎是不可或缺的。欧盟要想实现有效的管理，就必须使成员国拥有大量的双语者和多语者。他们将希望寄托在了孩子们的身上。同样，中国的政府及经贸领域也格外需要战略性语言的双语者来推动国家利益的实现。

情感型

情感型动机是指将语言学习视为提升文化素养的手段，或者为了获得对该语言群体的归属感而学习语言。说话不带口音的孩子长大后更容易被该语言群体所接受。如果核心家庭（指只由父母和孩子构成的家庭，不包括祖父母等亲属）里只说一种语言，这可能会切断孩子与整个大家庭的联系和归属感。这种情况下情感型动机就尤为重要。

与大家庭联系的纽带

与我聊过的双语儿童父母最常提到的动机确实就是为了给孩子提供一个与大家庭联系的途径。他们很努力地帮助孩子学习他们父母和兄弟姐妹的语言。他们希望孩子与父母双方的家庭都能够建立起亲近感和联系，而且希望孩子能参与到大家庭成员的交流中。

> 给孩子提供一个与大家庭联系的途径。

"这会给他们带来归属感，使他们在两种文化中都很自在，不会被当成外人。"

众所周知，大家庭对小家庭的幸福起着非常巨大的作用，单单这一个理由就足以成为创造双语家庭的动机。孩子们可以感受到长辈的爱与关怀，他们也会很享受兄弟姐妹的陪伴。祖父母则会因了解和亲近自己的孙辈而获得深深的满足感。

此外，父母中的一方在与孩子用非社区语言交流的时候，会因这种"私密"的对话而更显亲密。对于身居异国的夫妇，和孩子说母语也意味着为孩子回国敞开了大门，所以在家中使用第二语言有很重要的意义。

许多单语父母从国外领养了孩子，他们也担心孩子是否能认同他们自己的民族，最终能否与原生家庭建立联系。在第 5 章中，Rosemary 和她的危地马拉女儿会告诉我们她们的语言目标，以及她们实现目标的方式。

> 语言是一把特别的钥匙，能让孩子打开自己民族文化的宝库。

打开民族文化宝库的钥匙

语言也给了孩子一把特别的钥匙，让他们能够打开自己民族文化的宝库。一位已长大成人的双语者说：

"假如我只是通过英语来了解父母的祖国的文化，我不知道能否了解到现在这种程度。那样的话，我也许只是节庆活动的旁观者，而这次节日活动成了我印度之行的最大亮点。因为我讲那种语言，我就成了参与者。在整个活动中，我发挥着自己的作用。"

与传统习俗和民俗联系最紧密的信仰、歌曲、笑话、诅咒等，无一不是通过语言发展而来的。尽管这些东西可以翻译成外语，但是人们只有用源语言才能最深切地体会其中的意味。如果没有本族语者实践这些传统，它们就会失去其真实性，最终灰飞烟灭。毕竟，没有任何翻译能够完整地表达出其他语言表述中蕴含的全部意义，特别是字斟句酌的诗句。正如双语（爱尔兰语—英语）诗人 Nuala Ni Dhomhnail 所说，不同版本的翻译"强调原文的不同方面，就如钻石的不同切面折射出的是同一块石头不同的光线和色彩"。

保持父母的地位

如果孩子们学习父母的语言，那么不讲本社区语言的父母更容易融入孩子的生活，参与孩子感兴趣的事情。并且，孩子很少会因为父母不适应新语言和新文化而疏远父母。每当我重读 Richard Rodriguez 的移民传记《饥饿的记忆》时，我都会感到非常难过。他的父母是来自墨西哥的移民，因为听从了别人的建议在家只说英文，结果失去了家庭的领导地位，甚至饭桌上的谈话也完全被孩子们主导。由于父母的英语水平很有限，他们先前的决定导致后来已难以加入孩子们的对话。孩子的生活离父母越来越远。Rodriguez 生动地描述了他们兄弟姐妹聚在一起时的情景：妈妈听着他们谈话，就像是网球赛的观众；而爸爸则退到一边，把自己完全孤立起来。假如这些饭桌上的谈话是用西班牙语进行的，而孩子们的西班牙语又都说得不错，那么父母在家庭中被孤立的事就不会发生了。

双语培养中父母最享受什么？

对许多父母来说，之所以选择让孩子在非社区语言中成长，是因为他们希望以自己幼时的成长方式去培养他们的孩子，因为这种语言意味着爱与亲密。

"我们希望用自己讲得最好的语言与孩子交流。对我们来说，那是家庭的语言，是让人觉得最舒适的语言。"

"这样我就能以我想要的说话方式来告诉他们对我来说什么是最重要的。"

> 母语意味着爱与亲密。

"用我小时候别人跟我说话的方式同孩子说话,唱别人曾唱给我的歌,玩儿我小时候玩儿过的游戏,会让我感觉更自然。"

在威尔士语言委员会的一项调查中,很多和孩子使用弱势语言的父母分享了他们的感受。许多人提到,跟孩子们说自己小时候听到的语言"感觉格外好"。一位父亲还说,如果他跟孩子说的不是自己的母语威尔士语,孩子根本无法真正了解他。

不仅如此,父母讲自己的母语是最具权威性的,因为他们不会犯语法错误(往往孩子们会毫不犹豫地指出来),所以这种感觉更舒服。参加我们迈阿密婴幼儿研究的一位父亲说,当他感到自己处境危险的时候,他就会下意识地换到西班牙语,这样他的反应会更快。当父母要责骂孩子的时候也会出现相同的情况。母语往往更能表达愤怒或喜爱等强烈的情感。我的邻居Marielle就说,她总是能看出妈妈是否真的生气了,因为她一发怒就会说法语。

不过,并不是人人都这样。少数情况下,最有情感冲击力的并不是母语。就像第5章中作家George Saunders的故事那样,有些人体验过的幸福和知识的满足是和他们的第二语言紧密相关的。因此他们也想把这种感受传递给孩子。这一类人在使用第二语言时总会怀有特殊的情感。

对"偶成双语者"的好处

无论是父母主动为孩子选择了双语,还是因为出国或移民被迫成为双语者,孩子总会受益匪浅。这些孩子中有很多人长大以后会继续从事与语言相关的工作,或选择与语言有关的职业。无论是主动还是被动地成了双语者,双语都为他们感受更加丰富的文化打开了一扇窗,也让他们在学习下一门语言时领先一步。许多研究表明,无论是否是家庭主动选择双语培养,童年期双语者在学习第三门语言时都会比单语者学得更好,也能更好地解决问题,还拥有其他方面的天赋。这些我们会在下一部分继续探讨。

> 童年期双语者在学习第三门语言时都会比单语者学得更好,也能更好地解决问题。

四、双语比单语好在哪儿?

研究显示,会说至少两门语言的孩子在语言的三大功能——交流、思考和文化——的学习中都表现得更为出色。本部分我希望系统地向大家展示科学已经证实的双语的益处，以此来证明父母在双语培养收获问题上的一些判断。我会呈现许多研究证据，告诉你在帮助孩子成为双语者的过程中，孩子在语言、认知和文化方面有哪些额外的收获。第7章和第8章中我们会讨论家长普遍存在的一些顾虑，比如孩子的语言、认知发展以及身份认同等问题。

本章接下来将具体讨论掌握第二种语言在三个层次上给孩子带来的好处：

第一，双语儿童会更早地习得"关于语言的知识"。这方面的知识是学习阅读和写作的基础。在孩子希望或需要学习第三（或第四、第五）语言时，这些知识对孩子也大有裨益。

第二，双语者还具有更强的"语言之外"的能力，特别是思维能力。这些技能源于对两种语言的学习和加工处理。新的研究甚至表明，说双语的老年人可以保持更长时间的注意力。

第三，双语儿童还具有更广阔的世界观和更强的社会理解力。我们也希望这会带给我们更加包容的社会。

> 会说至少两门语言的孩子在交流、思考和文化这三大语言功能的学习中都表现得更为出色。

具备关于语言的知识

双语的孩子在对语言的认知上有优势，他们比单语的孩子更早关注到语言的成分和结构。神经学家告诉我们，双语者的两种语言总是处于开启状态。因此，双语者每次开口讲话时大脑必须潜意识中做出语言选择。每次他们听到什么，在理解之前必须先判断是哪种语言。由于双语者必须频繁地考虑语言的使用，所以他们对语言的认知超过单语者也并不令人吃惊。他们既能用词语谈论事物，也能用词语来表达词语本身的意义。他们既能使用语言，也能"看到"语言。

> 双语儿童比单语儿童更早关注到语言的成分和结构。

什么是"看到"语言？

什么是"看到"语言？要理解这个观点，我们可以把词汇想象成窗口。透过窗口我们可以看到词所代表的事物或者概念。所以如果我说"狗"，你的脑海里便会浮现出一只毛茸茸的、会叫的动物，而且通常是只宠物。"狗"字的写法并不会引起你的注意，而是将你的注意力**透过**这个词引向那只宠物。

但是如果我问"狗"字有多少笔画,这个字就不再是那个能看见小狗的窗口了。为了数清笔画,字本身也成了一件"事物"。能够关注字词本身正是学习阅读和发展其他知识技能的基础。

> 能够关注字词本身是学习阅读和发展其他知识技能的基础。

"使用"字词"狗"(看到的是动物,而非动物名称的文字)　　"看到"字词"狗"(看到的是动物名称的文字笔画,而非动物)

图 1　"使用"字词和"看到"字词

我们使用字词,但我们一般不去谈论这些字词。不过为了学会读写,孩子们必须了解代表语音的符号(英语中,这种符号指"字母"),以及这些符号构成字词的语音的规则。孩子们还要知道纸上弯弯曲曲的线条代表着特定的音节,他们需要在自己的大脑中重新创造,同时明白其他类似的曲线也只是漂亮的图形设计而已。一旦我们学会了阅读,阅读就变成了自动的过程。我们不再"看到字词",此时的书面文字变成了直达意义的"窗口"。或许除了诗歌,我们几乎不会注意文字是如何书写的,而是"使用字词",直达字词代表的意义。

年幼的双语儿童每天都要在两种语言间多次转换。他们对语言的意识和认知得到了更大发展,在字与声音之间建立了更强的抽象联系。他们常常会成为优秀的作家,更擅长使用语言,因为他们更了解语言的机制。

此领域做过最多研究的是多伦多约克大学的心理学家 Ellen Bialystok。她的研究告诉我们,双语儿童除了能够透过字词看到所指的事物外,还能看出词的发音和音节。这方面他们比同智力水平的单语儿童发展得更早。

句子中的词汇和头脑中的词汇

我们可以通过字词联想测验中儿童与成人答案的区别来揭示双语儿童的早期意识。当我说"狗"这个字时，你想到的第一个词是什么？大部分孩子会把词进行搭配，倾向在句子中使用，如"狗叫"等。而成人的回答则倾向于"字典式"的定义，给出同类型的词，如"狗—猫"等。成人考虑的不是如何在语境中**使用**这个词，而是如何**谈论**这个词。

从"搭配式"到"字典式"的转移已被证实发生于 5 到 8 岁之间。不过双语儿童比单语儿童更早地向"字典式"回答过渡。这也说明，他们能够脱离句子去独立思考单词。当孩子们能做到这一点时，说明他们正在组织自己的心理词典并扩展已知词汇。对自己掌握的知识有认知的孩子，能更好地理解词汇的意义，因为他们能像字典一样关联到同义或反义词。这叫作"元"知识（关于事物本身的知识）。"元"来自希腊语"超越"（meta）一词，意思是"超过"或"关于"。儿童一直在学习很多"元"知识，其中与我们这里讨论的问题最相关的是"元语言"（关于语言的语言）和"元思维"（关于思考的思考）。

> 双语儿童比单语儿童更早地向"字典式"回答过渡。

词的魔术

幼儿通常难以将词和词义分开，所以对他们来说词**神奇地变成了词的意义**。其实，仅有一小部分词，如象声词，与意义有直接的联系——"喵"代表猫的叫声，发音也有点儿像猫；"嗖"让我们联想到物体飞快地通过空气或水的运动。其实对于大部分词来说，词本身和词所代表的事物是没有联系的。在中文里"狗"字能代表狗，其他语言中别的词也可以代表。法语中就用"chien"来代表狗。相比之下，"烟雾"是受到广泛认知的火的标志。烟雾警示人们要小心火灾的发生，因为只有着火时才会有烟，所以无论用什么语言，烟雾都可以代表火，因为二者之间有直接的感官上的联系。但是每种语言中具体表示火的词并不是一样的。比如汉语中，"烟"的偏旁是"火"字旁，充分说明了其中的联系，但是这种联系未必存在于世界上每一种语言中。其他语言就用"fire""feu"或"fuego"表示火，也可以用人们临时约定的私用代码来表示。比如我们可以玩儿个游戏，规定用"ubleck"这个词来代表火，听到这个词的人就跑开。也就是说只有对我们而言"ubleck"才有火的意义。双语儿童能够看到词汇的这种符号意义,明白词与词所代表的现实世界可以没有关联。

著名瑞士心理学家Jean Piaget曾做过一个知名的实验,测试孩子们对字词与概念之间的抽象关系的理解程度。他问孩子们:"如果把太阳和月亮的名字互换,那么在夜里应该是哪一个挂在天上?"他发现大部分孩子都能互换名字,正确地回答"太阳"会出现在夜晚的天空。然而,对孩子们来说较难回答的是接下来的问题:"那么夜晚的天空看上去会是什么样的?"孩子们坚定地认为,在晚上天空会变得很亮。既然只是名称的互换,并不是两个物体本身互换,夜晚的天空仍然应该是黑的。

多年之后,双语研究先驱之一,多伦多大学的Jim Cummins也做了这个实验。他的研究显示,在回答Piaget的太阳和月亮互换的问题时,双语的孩子比单语的孩子回答得更好。毕竟,他们已经习惯了变换事物的名称:在妈妈这里书是"a book",在爸爸这里书就是"un libro"。在Cummins的实验里,单语者和双语者是在同等条件下学习事物新名称的,既有如Piaget的"太阳—月亮"的真实名称的交换,也有虚构的无意义的新词的交换。尽管条件相同,双语者还是在使用新词并保持句子原意的能力上更胜一筹。因为他们每天都在训练这种能力。他们很早就明白,词和词指代的事物是分开的。比如"蛇"这个字看起来既不细也不长;"红"字,即使是用绿色墨水写出来的,仍然代表红色。

为什么阅读和写作这些(元)语言技能对孩子很重要?

家长们可能想知道,为什么心理学家和教育学家都认为这种特殊的"词只是词"的意识是一种非常重要的技能。其实,对语言结构的理解能力是孩子思维能力发展的重要工具。随着我们日渐成熟,抽象思维能力不断发展,我们逐步学会了将头脑中的想法和概念与我们使用的符号相分离。

阅读与写作虽然是基于这种语言意识的最普遍、最重要的技能,但绝不是唯一技能。一般来说,"关于思考的思考"是孩子大脑力量增强的重要体现。孩子关于语言的思考越多,在学校的表现就越好。相反,那些语言意识较弱的孩子，学习成绩也会差一些。实验清楚地向我们表明，双语让孩子有不同表现。双语者会用一个词联想另一个词，而且每天大量地练习。如我们下文将看到的，在语言学习量相同的情况下，双语儿童会比单语儿童更早进入读写阶段。

从声音到字母——音素意识

世界各地演变出了多个用书写符号代表意义的体系。在拼音文字系统中，要想使用字母表中的字母，孩子们必须学会把单词拆分成更小的单元（音和音节），并学会把这些音和代表音的符号（或字母）联系起来。所以在英语中，当你看到字母 s 你发出 /ss/ 的声音，当你看到字母 i，你发 /ih/ 等等；这样，当你看到三个字母组合成"s-i-x"，你就能发出 /ss-ih-ks/。这些字母就是发音的线索。把字母的发音合在一起，就念出了词，继而明白了词的意思。尽管英语等许多语言使用的是拼音文字，但日常生活中我们仍然会用到语素文字，其中最常见的便是数字。例如数字"6"，在英文里用"six"表示。此处的"规则"便是：看到数字"6"，说"six"。

可能更容易的方法是直接用符号代表意义，不需要先从字母到发音，再从发音到词形，最后再到意义的步骤。实际上，有些文字系统，比如汉语的书写系统就是这样的。虽然这种系统节省了把词分成声音再转换成字母的麻烦，但是中国人需要逐一记住成千上万的文字符号。相比之下，当你用字母来学习阅读的时候，虽然有一个额外的运作过程，但是你只需记住 30 或 40 对"声音—符号"组合，便可拼出无数的词来。

Ellen Bialystok 在语音意识任务测试中比较了英语单语者和三组双语者。双语包括西班牙语—英语、汉语—英语和希伯来语—英语。他们让 6 岁半的孩子数出一个单词里音的数量，比如，"p-a-t"有三个音，"a-g-ai-n"有四个音。所有三组双语者的两种语言都很好，并且都在学习用两种语言来阅读。Ellen Bialystok 在统计方法上修正了孩子们在记忆能力和单词能力方面的区别对实验造成的影响，因此实验中不同群体间测试结果的差异与这些因素没有关系。

最后结果为，西班牙语—英语、希伯来语—英语这两个小组表现最好。因为这两组孩子都在同时学习两种拼音文字，所以在把单词拆分成与字母对应的小的语音单位的活动中得到了双倍的练习。英语单语者的成绩是四个小

> 在语言学习量相同的情况下，双语儿童会比单语儿童更早进入读写阶段。

组中最低的。汉语—英语组的成绩低于另外两个双语组，但是比英语单语组要好。虽然汉语的双语儿童只学习了一套字母系统（英文字母），但是他们仍然要练习两种书写系统。英文的书写系统是用字母代表词中的单个发音（拼音文字系统），中文是每一个符号代表一个词（表意文字系统）。尽管只学习了一套字母系统，他们仍然在阅读的过程中，学习了如何匹配符号和字词，因而获得了额外的语言经历，而这就是双语者的优势之一。

书写的概念

为了学会阅读和写字，孩子们还需要认识到，（在英语中）按特定顺序排列的几个字母**总是**代表着同一个单词，无论这个词是上下颠倒着写的，还是与搭配的图片不对应。Bialystok 做了一个名叫"**移动字词任务**"的实验来检验单语和双语儿童是否理解书写文字的这个特点。实验之前他对一些 4 到 5 岁的孩子进行了字母知识的测试，然后选择那些认识字母，并能读出字母发音，但还无法独立阅读的孩子来参与这个实验。

实验中，测试人员给孩子们展示两张图片，比如"国王"和"小鸟"。然后拿出一张写着其中一个事物名字的卡片。测试人员会说："这张卡上写的是'国王'，我把它放在这儿。"她把卡片放在了"国王"图片的下面。接着她会问孩子："卡片上写着什么？"大多数孩子会说是"国王"。这时，实验中会故意加入混淆图片，比如扭打在一起的毛绒玩具，或是正在打喷嚏的大象等等。这样一来，图片的位置便会移动，文字卡片也会对应到错误的图片下面。这时，测试人员再一次问孩子："卡片上写着什么？"

实验中，真正关键的问题其实是第二个问题。根据实验结果，Bialystok 发现，双语儿童比单语儿童提前一年多就知道"书写的文字即使对应不同的图片也不会改变"。这是此项阅读测试的关键所在。只有 38% 的单语受试儿童给出了正确答案，与之相比，处于同一早期阅读阶段的双语儿童有 82% 回答正确。实验还发现，4 岁双语儿童的表现优于 5 岁的单语儿童。

我和迈阿密大学的同事对会用两种语言进行阅读的儿童进行了研究，结果依然是双语儿童表现出更明显的优势。我们调查了 960 名英语—西班牙语双语儿童和英语单语儿童的语言和识字能力。实验分为三组：一组是单语组，另外两组是双语组。其中一组双语儿童来自英语单语教学学校，孩子们只在

> 双语儿童比单语儿童提前一年多就知道"书写的文字即使对应不同的图片也不会改变"。

家学西班牙语；另一组双语儿童来自双语教学学校，半天用西班牙语授课，半天用英语授课，并且这些孩子从一开始就学习用两门语言阅读。

果然，处于幼儿园阶段的三组儿童在我们的标准化阅读测试中并未表现出区别。因为在这个年龄，孩子们都不懂如何阅读，所以测试只是检验孩子们能否认出图片和字母。但是到了小学二年级，各组之间在阅读技能上的差异就开始显现了。双语教学的小组比其他组表现更好，而且这种优势一直保持到了五年级（此研究中最高的年级）。双语教学组在西班牙语阅读中表现出色我们并不奇怪，毕竟单语教学的双语组没有接受过西班牙语的阅读训练。不过让人吃惊的是，双语教学组的英语阅读成绩也表现出了明显的优势，在某些英语阅读测试中甚至超过了英语单语儿童。这似乎表明，对于同时运用两种书写体系规则的儿童来说，这些规则会变得更加清楚简单，而这是只用一种语言学习阅读的儿童体会不到的。

思维更加灵活

双语者的另一个优势体现在**思维灵活性**方面。在处理问题时，双语者能够提出多种不同的解决办法，而这种思维能力被认为是创造力的基本因素之一。在早期进行的实验中，双语者能够说出更多的具有代表性的物品（如回形针、砖块、纸箱）的用途，并提出更多可能的解决方案。后期的实验探索了双语者将思维灵活性运用到科学研究中的能力。结果显示，在解决科学问题时，双语者提出的假设比单语者多三倍。实验中受试的双语学生的阅读成绩整体较低，他们学校拥有的资源也较少，成绩整体上比资源充足的学校的学生表现差。尽管如此，他们在思维灵活性方面仍然比单语学生表现得更加优秀。

选择性注意能力更强

近些年，研究者又发现了一个双语者较单语者更快更准的思维新领域。双语者不分语言、不分年龄，在**选择性注意**（selective attention）方面都表现得更为优秀。如果给双语者一个任务，让其将注意力集中在任务的一到两个

> 处理问题时，双语者能够提出多种不同的解决办法，而这种思维能力被认为是创造力的基本因素之一。

方面，而忽略其中的矛盾信息或多余信息，他们都能表现得很好。需要忽略的诱导信息越多，双语者的优势越大。

斯特鲁普测试（Stroop test）是评估选择性注意的一种常用方法。该测试向受试者展示一系列颜色名称的文字，但用不同的颜色打印出来。如果"蓝色"一词是用红色打印出来的，受试者就应该说出实际看到的颜色——红色，但是多数人会说错，念出文字——蓝色。人们很难控制自己不念出文字，因为这是一种自然的反应。Bialystok 指出，从使用两种语言的第一天起，双语者就必须不断地控制在什么时候使用哪种语言，同时暂时关闭另一种语言。正是由于这种额外的脑力锻炼，双语者比单语者能更好地控制自己的注意力。

> 双语者比单语者能更好地控制自己的注意力。

双语者在选择性注意方面的优势不仅仅体现在口头测试上，也表现在各种含有误导信息的感知测试中。为了测试人们关注场景的一个方面同时忽略另一方面的能力，Frye 和 Zelazo 及他们的同事设计了一种叫作"维度变化卡片分类任务"（dimensional change card-sorting task）的测试。孩子们会看到两张卡片，比如一个蓝色的圆形，一个红色的正方形。然后把他们互换，变成红色的圆形和蓝色的正方形。开始按照一维空间分类的时候，比如说只看颜色，每个人都觉得很容易。双语和单语的受试者都做得不错。但是当孩子们被要求重新按照形状将卡片进行分类时，双语儿童的反应更快更准确。他们的头脑更灵活，选择性注意能力更强。他们很容易把旧的东西放下，接受新的事物。

Bialystok 接着研究了低幼和老年的双语者在现实世界里的思维功能。她和合著者一起研究了 184 名患痴呆症的双语和单语病人的医疗记录，发现一生中一直说双语的人得痴呆症的起始年龄比单语者晚四年——双语病人得痴呆症的平均起始年龄是 75 岁，而单语病人是 71 岁。即使把性别、文化和教育水平差异等影响因素都考虑进去，这种差异仍然具有统计学上的显著意义。在 Bialystok 的报告中，一位老年痴呆症专家指出，目前还没有任何一种药物能如此有效地改善老年痴呆症。

> 一生中一直说双语的人得痴呆症的起始年龄比单语者晚四年。

选择性注意被一种叫作"执行功能"（executive function）的思维过程所控制。执行功能是指可以协调多种不同的有序活动以完成复杂目标的能力。

这种能力在 2 到 5 岁之间发展起来，在青少年时期逐渐加强，但之后会随着年龄的增长而衰退（酗酒也会降低这种功能）。随着每次谈话中的语言选择和转换，双语者会建立起强大的执行功能，并且拥有更多的机会去完善。

了解执行功能的作用，可以帮助我们明白很多看似矛盾的研究结果，例如有的研究会发现双语者在某方面更具优势，而另一项研究又说没有，等等。你也许会问，双语到底有没有好处？当然有，答案是肯定的，但是只是在需要用到"元知识"和高度的"执行功能"时才会显出优势。单语者和双语者做简单任务的表现同样好，但是有充足的证据证明，双语培养可以使孩子在执行复杂任务能力方面更具优势。

视野开阔，理解"他人"

双语在智力方面的益处实实在在且十分重要，但这仅仅是双语优势的一方面。本部分将讨论双语人群所拥有的更广阔的"世界观"。心理语言学家 François Grosjean 曾说："'双语'开阔你的视野。它意味着你拥有两个世界，而不仅仅是一个。"这里所说的"世界"是指交友圈、文化传统、工作机会等。不过他也许应该补充一点：双语者还同时拥有两个"世界观"。正如捷克的一句俗语所说："学习一门新语言，拥有一个新灵魂。"

语言相对论——语言对思维和观念的影响

语言相对论（linguistic relativity）是指一个人的世界观和语言的紧密联系，也就是说你的语言决定了你怎么看这个世界。Benjamin Whorf 是提出这一观点的早期学者之一。美国土著霍皮印第安人与英语本族语者在语言表达中体现出的截然不同的世界观曾令他印象深刻。例如，霍皮语动词形式并不像英语那样体现时间的线性顺序——先是过去，然后现在，再是将来。在霍皮文化中，时间被理解为一个圆，过去、现在和未来只不过是圆上不断重复出现的点。霍皮语并不表明事件的时间，而是关注事件是真实的还是假想的，是已经发生的还是尚未发生的，动词的不同形式也由此决定。这种区别在英语里一般并不表示出来。只有在学习拉丁语、西班牙语等其他语言的时候，

> 双语培养可以使孩子在执行复杂任务能力方面更具优势。

英语本族语者才会学到这些结构。在这些语言中，这种语言结构在日常表达中使用更频繁。

激进的"语言相对论"观点认为，人们会被渗透在自己语言结构中的世界观所局限。这个观点不但很难去验证，还有可能是错误的。例如，人们曾经以为颜色的名字决定了人们看待颜色的方式。如果一门语言中没有用单独的词代表"蓝色"和"绿色"，而只是用一个词（如"蓝绿色"）同时代表这两种颜色，那么比较激进的语言相对论者就会说，对说话者来说"蓝色"和"绿色"是一样的。实际上，针对颜色词所做的语言实验已经推翻了这个说法。即使一种语言里有"蓝绿色"这个词而没有"绿色"和"蓝色"，说话人还是能够感觉到两种颜色的差别，只是他觉得这种区别没有多大意义。

关于语言对思维方式的影响，还有一种较温和的观点，在近年的研究中得到了越来越多的支持。这种观点认为，语言可以改变说话者的视角和记忆事物的方式，但并不会将说话者限制在视角中。举个例子，我们可能都有这样的经历：如果一个事物有名字，你就很容易记住它；但如果你叫不出名字，则很难记住它。就像你看着天上的云，它们在天空中有各种各样的形状。如果三天以后有人请你描述一下当时云彩的形状，你可能很难做到。但是如果你看到了一片形状像"小羊"或"脸"的云，并起了名字，那么回想起来就容易多了。总之，有名字的事物更容易在头脑中记忆浮现。

下面的几个实验显示了语言对记忆和认知的影响程度，以及这种影响可以在多大程度上被后期的语言学习所改变。

无论讲哪种语言，看图似乎对每个人来说都没什么不同。你可以假设人们看了一张照片或者一段录像，每个人看到的都一样，描述的也一样。然而斯坦福大学的心理学家 Lera Boroditsky 研究发现，说英语和印尼语的人对同一事件的理解可能不同，而原因是他们各自的语言在描述事件方式上存在差异。她向人们展示了三张表示动作的图片：第一张是一个男人的腿向后抬起，正要踢球；第二张是这个人刚刚把球踢出去；第三张是另外一个人做出了和第一张图片一模一样的动作。

受试人需要回答哪两张图片更像。大多数说英语的人会说第一张和第三张更像，因为都是"一个人正要踢球"；而第二张中"他已经把球踢出去了"。

印尼人则不这么看。在他们的语言中，并不一定要用动词变形来表明"正要踢"和"已经踢"的区别，也就是说这两个动作都可以说成"踢"。三张照片都可描述为"一个男人踢球"。实验中，大多数印尼人的回答都反映出了这种模式。他们认为有相同人物的两张照片更相似。（印尼人当然也可以用另外一个词来强调踢球人腿的位置，但很少这样用。）

实验中还有一个十分有趣的现象——会说英语的印尼人给出的答案更贴近说英语的人，而且英语越好，他们的回答就越接近英语本族语者看待事件的角度。更有趣的是，虽然在回答时只需指点图片即可，并不要求使用任何语言，但印尼的双语者在英国参加实验时测试结果更像英国人，在印尼参加实验时则更像印尼人。

双语者如何受益于"语言相对论"

双语者使用两种语言，比单语者关注事情的更多方面，因此他们能够用更广阔的视角来感知世界。并且，双语者有跳出单种语言看待问题的经历，因此他们清楚地知道，自己看待问题的观点只是众多观点中的一种。

人们曾以为，空间、动作等思维概念在每种语言中都一样，但上述研究否定了这一点。我们看待事物的角度的确受到语言影响，双语者则受到两种影响的共同作用。这样他们能够意识到，其实很多时候"正确的观点"不止一个。虽然双语者只是比单语者多了一个看问题的角度而已，但他们更容易明白自己的观点只是众多观点中的两个，他们对别人的不同意见更加包容和理解。

有句俗话说"鱼是最后一个发现水的"，这是因为水就是鱼的全部世界。只有两栖动物才能更好地理解"水"和"陆地"的概念。双语儿童正如"两栖动物"，可以从语言的外部来观察一种语言，从而拥有更广阔的视野。那么，抽象的语言结构又是如何能让他们更理解、更接受、更尊重其他文化的呢？我们在接下来的内容中进行探究。

语言如何改变我们对他人的看法

社会心理学家对多语背景学校的儿童进行了研究，清楚证明了"学习语言"可以帮助消除偏见，并建立起对其他种族成员的积极心态。马萨诸塞大

> 双语儿童正如"两栖动物"，可以从语言的外部来观察一种语言，从而拥有更广阔的视野。

> "学习语言"可以帮助消除偏见，并建立起对其他种族成员的积极心态。

学的 Linda Tropp 教授和她的同事研究了三种类型班级中的英语儿童：类型一，全部为英语单语儿童；类型二，班里除了英语单语儿童外，还有会说西班牙语的儿童，但在班里孩子们只说英语；类型三，班级里都是同时学习西班牙语和英语的双语儿童。

为了了解孩子们如何看待种族，研究人员让这些说英语的儿童从一大沓同龄孩子的照片中做选择。他们并不认识照片中的孩子，其中有的像拉美后裔（拉美裔多讲西班牙语），有的像欧洲后裔。孩子们的任务是挑出照片中看起来聪明、朋友多，或是自己想跟其成为朋友的孩子。

实验结果非常清晰——每个种族都更倾向于选择自己种族的孩子，这是很自然的。第一个班级中没有讲西班牙语的孩子，只有大约10%的受试儿童选择了拉美裔儿童的照片。第二个班里，那些与拉美裔同班的英语单语儿童也只有大约12%至13%的比例选择拉美裔儿童，说明与拉美裔孩子同班并不足以培养出对他们的积极态度。但是，第三个班级的双语儿童中有40%都会选择拉美裔儿童。因此我们可以看出，从帮助儿童积极认同其他种族的角度来说，说共同的语言能够起到非常重要的作用。

双语儿童每天都在两种语言中进行多次转换，这种经历既是一种思维练习，也是一种频繁的文化转换训练，可以培养儿童的跨文化理解力和文化移情能力。许多语言中都有非常"自我"的词汇来描述本族语使用者和其他语言族群。这些词显示出他们对外国人的不信任。比如一些语言中，我们才是"人"，而外国人可能是"鬼""魔鬼""野蛮人"（汉语中的"老外""外国佬"可能也多少属于此类）。但是，双语者会认为说这两种语言的人都是"人"。整个世界并不是围绕着两者中的任何一个旋转的，而是以更普遍的事物为中心。

双语培养给社区带来的益处

> 儿童双语教育把家庭和社区目标结合在了一起。

任何家庭都会选择对孩子最有益的事情。如果家长对孩子的教育目标和社区的目标有冲突，父母通常会很自然地选择对孩子有益的道路。但是，儿童双语教育则把家庭和社区目标结合在了一起。对濒危语言的传承而言，家庭教育会起到关键的作用。如果没有双语教育，少数民族语言和濒危语言很难得到挽救。因此，家长们可以在自己的核心家庭里、大家庭里，以及朋友圈中说他们的家庭语言，从而建立起自己的社区。

保持语言的多样性

世界上许多语言都需要我们采取积极的行动保存下来，但真正实施的却为数不多。威尔士是一个拥有250万人口的地区，位于不列颠群岛的西部。它可能是我们目前所知道的最好的例子。像世界上大部分地区的本地语言一样，威尔士语在全球经济中远没有像英语那么有实用价值。不出所料，说威尔士语的人口数量从1901年起持续下降。直到1981年，很多民众和决策者们都开始担心他们会失去他们的民族特征和文化，于是成立了"威尔士语言委员会"。从20世纪80年代甚至更早，那些活跃分子就开始大力倡导威尔士语的使用。由于英语强势地位明显，现在几乎没有只会说威尔士语的人了。不过他们的目标就是尽可能多培养两种语言水平较平衡的双语者。

威尔士语言委员会希望孩子们在家里和学校都学习威尔士语，所以他们提供资金，支持父母和学校教威尔士语。1988年的《教育改革法案》强制要求小学教授威尔士语。终于，在2001年的人口普查中说威尔士语的人数增加了一点点——这还是历史上首次上升。

对于拯救濒危语言而言，家庭比学校更关键。虽然学校可以为家长的努力提供帮助，但是学校单方面并不能实现拯救语言的目标。有学校的帮助更容易，而离开学校的支持，家庭本身也可以做到。学校可以为孩子提供语言学习的同伴，以及更丰富的阅读材料，也可以给小语种更高的社会地位。威尔士语的未来还不确定，但是拯救威尔士语的积极行动成效显著，对其他国家也是一种巨大的鼓舞。

> 对于拯救濒危语言而言，家庭比学校更关键。

为什么没有一种全球通用的语言？

你可能会质疑保存地方语言的重要性，质疑这对人类生存的关键性。如果我们能回到巴别塔时代以前，地球上的人都说同一种语言，这难道不好吗？其实在现代也曾经有过几次语言运动，试图创造出一种世界通用的语言，以此来促进世界和平。你可能听说过人造的"世界语"，至今仍有20万人在使用，但是世界语不可能取代更强大的语言，比如英语或汉语。目前世界人口的四分之一将英语当作第一语言或第二语言使用。这主要是自然的、商业的力量驱动，没有任何官方政策的推动。那么我们为什么试图阻碍它的普及呢？

原因之一就是本地语言更适合交流本地的事情。你可能听说过爱斯基摩语中有很多词表示"雪"，数量远高于其他语言中表示"雪"的词汇。因为他们比我们更需要精确而频繁地描述雪。再比如，在重视社会关系的文化中，人们会创造出很多有关社会关系的词汇，汉语便是如此。例如，英语里的"uncle"就不分母亲这边的"舅舅"与父亲这边的"叔伯"，因此学汉语的英国人可能会觉得十分困惑。作家 Eva Hoffman 曾描写她十几岁从波兰去加拿大的情景。她把波兰语中表示友谊的词语带到了加拿大，却发现这对她和加拿大人交朋友并没有太大帮助。我们无法想象一种语言能够适用于所有社会群体。就像衣服一样，"谁都适合的尺寸"往往谁都不适合。

语言可以传达文化中蕴藏的智慧，不同的文化代表着不同的生活方式。如前文所言，我们的语言会影响我们看待事物的方式。不过，语言所"强加"给我们的视角其实无法限制我们，因为我们可以通过学习另一种语言改变我们的认知方式。双语者已经突破了母语带来的单一世界观的限制，他们思考问题更加灵活，解决问题更加有效。如果世界上只有一种语言、一种世界观，那么我们拥有的去适应各种变化的资源就太少了。因此，这是人类为了"适者生存"而必备的天赋。身为人类意味着什么？我们该如何生活？这些问题我们需要许多不同的诠释。

无论如何，并不是语言的不同在阻碍世界和平。比如英国和美国，人们称其为"被一个共同语言分割的两个国家"。同时，我们也看到很多国家由于内战而四分五裂，说同一种语言的人在战场上战斗。研究也显示多语国家绝不比单语国家更好斗、更暴力。

双语带给我们更好的头脑，帮我们建立更美好的世界。作为语言学家，我非常清楚，语言的多样性正在逐年降低。对于拯救濒危语言及文化而言，培养双语儿童是我们名副其实的"救星"——童年的双语让孩子们从小就掌握第二语言，并能成功传承给他们的下一代。

威尔士的例子让我们明白，语言多样性通常只是人们的美好愿景，可能并不足以促使人们去创造一个双语家庭。我们希望每个人都能够认识到双语给我们带来的益处，从而增强身边双语家庭成员的信念，帮助他们坚持下去，甚至像威尔士人那样去努力寻求外部支持。否则，很多父母就会屈服于全球化或者所在地区主导语言的强大压力。

培养双语儿童的原因千差万别，但最常见的无外乎以下两种：让孩子说父母和祖父母的语言；给孩子创造父母幼年时曾收获的多文化体验。

第 2 章
学习第一语言

本章主要介绍有关第一语言的学习,包括学习过程中的几个重要里程碑,以及 12 种可以有效促进儿童语言发展的方法。这些经过大量研究验证的成果会让孩子们受益匪浅。

无论儿童在学习哪(几)门语言,他们所依赖的并不是父母从零开始的"语言教学",而是与生俱来的语言学习天赋。正是这种能力让他们在聆听别人说话的同时慢慢学会了语言。所以当孩子们前进在语言发展的道路上时,家长们只需提供尽可能好的语言经历就够了。

第一部分

儿童如何学习语言

儿童能够自己学会说话，这是一项非常了不起的技能。尽管我们能看出他们的语言与成人存在差异，但若细心观察，你会发现这些差异是有一定规律可循的。例如，孩子可能会说"man, man, dog, no."（人、人、狗、不。）等。实际上，即便是早期的双词语组合也包含了特定的语法关系和结构，比如"show Mom"（给妈妈看）、"dog here"（狗在这儿）等。

儿童能够学会语言和种子最终能够开花是一个道理，并非是父母有意识地去"教"才会实现的。学习走路也一样。幼儿通常10～20个月就能学会走路了，因为在这个阶段他们相关部位的肌肉和神经得到了发育，并且已经在安全的环境中和父母的鼓励下练习过一段时间了。其实，父母做的并不是直接训练孩子的肌肉和神经，而是给他们向前移动的**目标**，以及让孩子尝试走路的安全环境。由此可见，我们学习走路的能力是与生俱来的，这和学习语言一样：父母给孩子的是句子、歌曲、故事等素材，让孩子自己去探索和发现语言。

一、无比强大的学习能力

婴幼儿虽然在大多数方面需要依赖父母，但在语言学习上却是名副其实的"大师"。早在会玩贴纸游戏之前，儿童就开始学习语言了。仔细想想，孩子学做的事情当中，有什么比学习语言更难的呢？移动舌头、控制嘴唇、正确呼气等——"说话"涉及一系列精细的身体动作，比练体操和演杂技还要难，因为听和说需要更强的记忆力和判断力。

那么，我们如何才能解释儿童学习语言的惊人天赋呢？科学家们提出了"语言习得机制"（Language Acquisition Device，LAD）的概念，他们认为儿童生来就有LAD。这种机制并不是真正的机器，而是类似一个我们无法看到里面的黑匣子。科学家们对比儿童听见和说出的话语，试图分析出在此过程中最有可能发生的"奇迹"。

儿童生来具有"语言习得机制"。

图2　语言习得机制（LAD）

LAD虽然强大，但并不足以解释语言习得的全部奥秘。每个儿童都出生在特定的文化中，这会为孩子提供优质的"语言营养"。我们一般将这些文化环境称为"语言习得支持系统"（Language Acquisition Support System，LASS），其中包含了家庭以及周边环境所能提供的所有语言支持。儿童的看护者会在充满关爱的环境中帮助儿童学习如何与外界互动。因此无论孩子出生在哪里，都能够在LAD和LASS的帮助下成功学会世界上6000多种语言中的一种或几种，并且他们学习语言的进程也都大同小异。

二、儿童掌握语言和交流的两种方式——"自下而上"与"自上而下"

从图3中可以看出，儿童掌握语法是从最下层开始的。他们首先会分析环境中的声音，辨别出哪些是语言的声音，然后再层层组合：

儿童掌握语法是"自下而上"的。

> 儿童也会"自上而下"通过语调、动作分析意思,开始交流。

- 语音组合为音节;
- 音节组合为字词;
- 字词组合为句子;
- 句子组合为故事。

同时,儿童也会采用"自上而下"的处理方式——孩子可以从你说话的语调、做出的动作中分析出大致的意思。所以你会发现,在孩子还不会使用词或句子的时候,就已经能够和你交流了。

图3　语言之塔

直通塔顶与用感受来学习

听着你用舒缓的声音哼着动听的摇篮曲,享受着轻拍和抚摸,孩子会综合所有的感受,在心里想:"我能感受到她非常喜欢我,想要照顾我。"在学会爬来爬去之前,婴儿只要能理解到这一步就足够了。接下来,孩子要学会在你的声音里听出"不"的意思。婴儿开始注意你说的话,这样,在轮到自己表达的时候,他会发出一些声音来回应你的声音。在这个阶段,没人会期待孩子能说出"语言"。在出生6个月内,婴儿只会用哭声来表达(但还称不上是"说话"），也能发出一些类似语言的声音。然后，他们慢慢地学会了用笑来表达。对于孩子来说，用笑来回应是非常重要的，尤其是很小的时候，因为这时他们还没法用语言来表达对你的爱和需要。

出生后的几个月里，你的小婴儿对与"说话"相关的事物的认知也会获得巨大进步，比如他会扭头看说话的人。孩子还会注视你的眼睛，你看哪里，他也会跟着看哪里。再后来，他可以望向你指的地方。如果孩子在没哭的时候用类似"咕""嘎"的声音和你交流，这说明他们已经有了最初的有意图的交流行为。比如，当你对孩子说"咕"的时候，他可能也会回应一个"咕"，而这并不是生来就有的条件反射——本来孩子无须回应你，但他却那样做了，而且恰恰是在一个合适的时间，这一切都不是巧合。

"自下而上"建立语法

当孩子呱呱坠地的时候，其实他们已经听你说话有好几个月的时间了，因为胎儿在 25～30 周左右的时候就已经具备听觉了。科学家们发现，虽然孩子并不清楚你说话的具体内容，但是他已然了解你喜欢听什么样的音乐，并且能够辨认出你说话的声音和语言的韵律。

对于婴儿来说，第一个任务就是从外界连续的语流中切分出一个个词语。词很少会独立出现——虽然有时我们一句话只说了一个词，但这毕竟是少数情况。像"Baby. Sleep. Now."（宝宝。睡觉。现在。）这种说话方式很奇怪。我们通常都会把词连在一起说，比如"Djeetjet?"（Did you eat yet? 你吃了吗？）我们成年人都会阅读，知道英语单词之间会有空格，这样就很容易把它们区分开。然而孩子在学说话的时候并没有阅读能力，因而只能通过其他方法在快速的语流中发现不同的词。首先，孩子会留意每个声音，然后他们慢慢明白了音节是怎么回事，最后才能把一个词说出来。

从语音开始

学习一种语言的语音，首先要学习"不应该听什么"。接近一周岁时，孩子已经听过数不清的语音，其中最熟悉的是经常听到的 30～40 个语音。这时，孩子会专注于这些高频语音，将它们深深印在脑海里，这可以帮助他们

> 25～30 周的胎儿已经能辨认出父母说话的声音和语言的韵律。

今后理解语言。每种语言都是由有限的声音单位组成的,这些声音彼此之间有一定区别,从而可以表达不同的意义。比如英语中 /b/ 与 /p/ 是两个不同的音,所以单词"big"与"pig"的意思也不一样。汉语中有 30~40 个声音单位,不但可以形成不同的组合,还可以通过标注不同的声调来区分不同的意思。

6个月大的孩子无论学习哪种语言,都具有非常敏锐的听觉,比如能够分辨出印度语中两个 /d/ 音的不同。然而 1 岁左右的时候,只有学习印度语的孩子才具有这种能力。学习英语的孩子由于只需要听出来 /d/ 与 /t/ 之间的不同就足够了,所以印度语中的两种 /d/ 会被归为一种。本书的第 7 章会讲到,双语儿童同样也在分辨语言中最小的声音单位,只不过他们在同时对两种语言进行分辨。

从语音到音节

当孩子对你的语言越来越熟悉,他们咿呀学语的能力也会越来越强。刚开始的时候,他们会发出类似"吧""哒"或者"吧吧""哒哒哒"的声音——这些声音和音节实际上可以出现在几乎世界上任何一种语言中。很快,孩子开始发出你的语言中独有的声音组合,他们慢慢忽略并停止练习那些不需要的语音。

虽然你的孩子基本能够独立完成这个过程,不过作为家长,你可以使用"父母语"(parentese)或"看护者话语"(caregiver speech)来帮助孩子。比如:

"猫咪。

看猫咪。

可爱的猫咪。

看没看到猫咪?"

我们经常无意识地对孩子使用"父母语",其实这并不是什么滑稽的事情——无论在什么文化当中,看护者都会这样做,甚至连几岁大的孩子也会和弟弟妹妹用这种夸张的方式讲话。实际上,我们只是把最重要的单词放在句子结尾,并且说得更大声一些罢了,而这种方式对孩子的帮助非常大。

> 孩子很快开始发出你的语言中独有的声音组合,他们慢慢忽略并停止练习那些不需要的语音。

从音节到词

当孩子专注于语音，并且开始学习事物名称的时候，他们同时也开始使用"轮流说话"的交流技巧。不过当孩子看见附近某个东西时，我们只说名称是不够的。想象一下，每当你看到某种狗的时候，你都说"shoo"（发出嘘声赶它走），但"shoo"并不代表这种狗或者这条狗的名字，所以你的孩子需要能分辨出你说的"shoo"是否就是这条狗的名字。同时，孩子不仅在学习每一个具体事物的名称（比如你养的狗叫布鲁托），也在学习多种事物的共同称谓。汽车便是如此，孩子不仅要知道你的汽车叫"福特车"，还要知道有很多不同的轿车都叫"福特车"。就像狗有不同种类，"福特车"也有不同的大小和外形，因此孩子无法直接从外观上分辨出一个东西是否是"狗"或是否属于"福特车"。他们需要有能力知道你说话和指示时的意图。

通过词来学更多的词

虽然事物的名称很难掌握，但我们可以通过图片和用手指物的方式让孩子学会。不过在学习动词的时候，我们很难用手将正在发生的动作指出来。如果没有一个好的句子做辅助，哪怕让大人去看图片或者视频也很难理解要学习的动词究竟是什么。当我们在句子中看到一个动词的时候，我们更容易猜出来它的含义。如果能听到更多使用这个动词的句子，我们则更容易掌握这个动词。

其实，小狗也能学会听懂自己的名字，以及"飞盘""饼干"等一些非常吸引它的事物名称。这也是小孩子刚开始学习语言的状态，但不同的是小孩还可以借助其他词语，脱离当时所处的情境来学习词汇，比如一些看不见的、甚至想象中的事物，像"梦""幽灵"等，从而能够基本掌握所有事物的名称。

连词成句

如果孩子想要真正表达完整的意思，那么他们需要学会说句子。

当孩子 18 个月大的时候，可能已经掌握 50 个左右的词了。这时他会开始将词组合到一起，说出一些短语，比如"妈妈鞋"等。他努力造句，表

当孩子专注于语音，并且开始学习事物名称的时候，他们同时也开始使用"轮流说话"的交流技巧。

儿童可以借助其他词语，脱离当时所处的情境来学习词汇，比如一些看不见的、甚至想象中的事物。

达自己。不过，由于词汇组合的可能性实在太多，而句子长度也没有太多限制，所以句子并不是一句一句学的，也不像植物名称那样需要逐个记忆，而是要领悟其中的规则。学习句子有些类似学习九九乘法表。开始学的时候，需要记下每一组结果，比如六七四十二、六八四十八等，我们可以一直背到九九八十一。这时，背诵看起来要比学习乘法规则更容易，不过纯靠背诵无法真正掌握乘法。总有一天，我们要开始学习乘法的原理和计算的过程。其实这与语法的学习别无二致——我们不可能逐个句子去学习，而是需要掌握造句的方法和过程。刚开始的时候儿童会学会一些常用的句子，比如"那是什么？""让我看看。"等，不过很快儿童就得自己造句了，而不是重复别人的句子。

因此，孩子要学会造句，就必须通过多听句子来发现句中无形的结构和规则，也就是"语法"。语法规则会告诉我们词是如何组合在一起成为句子的。更重要的是，语法还告诉我们这门语言中什么是正确的句子，什么是错误的句子。举例来说，在英语语法中"The dog is barking."（那只狗在叫。）是正确的句子，而"is dog barking the"（在狗叫那只）则是错误的。

我们看不到语法的规则，但能感受到它的作用。打个比方来说，句子的结构如同人类的骨骼，在体内起支撑作用。如果没有骨骼，我们的四肢就无法运动，但是我们平常是见不到骨头的，除非照 X 光，或者骨折之后骨头刺穿皮肤。有时我们听孩子说"it goed"（应为 it went，表示"它走了"），"I haved it"或者"I had-ed it"（应为 I had it，表示"我吃过了"）这类句子，其实这些都显露了他们在运用自己发现的语法规则，并没有一直重复大人对他们说的话。没有人会跟小孩子说这些词，更没人教他们这样说，因此这些语法错误唯一的来源就是他们自己发现的规律。比如刚才的例子中涉及过去时的动词变位规则，大多数动词的过去式都是"动词原形+ed"，但也有例外的情况，像go的过去式是went，而不是goed等。在孩子掌握这些特殊变形之前，我们能看出他们"生成规则"的方式。

我们可以想象一下，你的孩子旁边有只小狗，这时他说："Dog bark."（狗叫。）由于孩子并没有具体说"dog"和"bark"这两个词之间的关系，所以存在很多可能性：如果狗正在叫，那么这句话就是描述正在发生的事情；如果孩子望向你的时候，狗没叫，则可能是在说"狗"这个动物会叫；如果孩子一边看着狗一边说，则可能是想命令狗叫。由于"dog bark"这句话并不符合语法，只是组合在一起的词组，所以你听到之后，会通过具体的情境将其套用到最接近的语法结构里去理解。当孩子真正了解这些规则之后，才能说出"Dogs bark."（狗会叫。），"This dog is barking."（这只狗正在叫。）或"Dog, please bark!"（小狗，快叫啊！）这样的句子。最终，孩子有了正确的语序，并且会在句中添加恰当的"语法工具"（比如谓语通过动词变位来和主语保持一致），从而让你一下子就了解他们想表达的意思。

慢慢地，你的孩子开始说出一些他们从来没听到过的句子，比如"我梦见小狗把比萨放在了树顶上。"等。创造和理解这些新句子的能力是说话的基础。只有当你的孩子说出全新的句子时，他们才真正掌握了使用这门语言的能力。当孩子说出简单句之后，再过一段时间他们就可以把句子拼接到一起，构成更复杂的句子，比如由"我爱约翰。"发展为"我为什么爱约翰？"或者"你知道我爱约翰。"

当然，孩子的语言发展路径有时未必相同。有些孩子会跳过"单词期"，直接进入"短语期"，然后再将短语分割为单词。他们可能先学会说"要抓到你"，晚些才会说"要"和"你"。也可能先会说"让我看看这东西"，然后才把"看"分离出来，和其他宾语组合到一起（"看狗""看娃娃"等）。尽管如此，他们最终仍会像其他孩子那样掌握单个的词并继续学习。其实我的儿子就是这样的，因为他走的路略有"周折"，所以在"单词期"他较同龄的孩子稍稍落后，不过他在语言的其他方面却是领先的，并且后来还成了"明星"学生。

连句成篇

现在，孩子能够成功地说出句子了，如今最大的挑战就是将句子组合为更长的句子甚至一段话。这其中最困难的就是将句子连接起来，这样人们才能知道你要讲的整体意思是什么。5岁左右的孩子通常已经基本能掌握句子的用法，并且开始用一些大人可理解的方式连接不同的句子来构成故事。不过他们在对话中轮流说话以及让陌生人明白自己故事内容的能力还有待提高。

> 孩子的语言发展路径因人而异。

其实在这个阶段，你仍然可以帮助孩子——只需日常和他们多对话，多讲一些故事就可以了。

根据情境恰当使用语言

除了学会自己造句及讲故事，你的孩子还要学会在不同的情境下恰当使用语言。比如，孩子需要知道和自己的哥哥说话与和老师说话是不同的。再比如，在超市里不要突然大声冒出一句"为什么前面的那个女人那么胖？"等。所有这些都是有关礼貌的细节，可以避免你和孩子在外面遇到不必要的麻烦。其实，双语儿童能够更早了解这些说话技巧，因为他们更习惯跟不同的人说不同的语言，比如在两三岁的时候已经能识别出谁在用哪门语言跟他们讲话了。

另外，语言使用中最难掌握的部分就是反语以及一些脱离字面意义的话语。我们在使用反语的时候，所说的话和所表达的意思正好是相反的，并且在话语中完全不留痕迹——不过我们能够从说话人的面部表情以及语调中获得一些线索。当我们说"你这车可真够酷的！"的时候，孩子哪里知道我们究竟是在表达羡慕，还是在说这车只是一堆烂铁呢？

三、语言学习的里程碑

在表1中，我列出了儿童语言发展的一些重要里程碑，这些都是家长日常能够观察到的，不需任何科学实验。其中包括了儿童的"接收性语言"（receptive language）（理解他人的话）与"表达性语言"（expressive language）（对他人说的话）的发展时间表。

需要说明的是，表中的年龄只是大致的参考，请不要严格根据这个表格去比较和评价孩子的语言发展。毕竟，学习说话不是一场竞赛，我们所能观察到的也仅仅是儿童语言学习的冰山一角，不同的孩子对已经学会的知识和技能有着不同的表现。（不过如果你对孩子的语言发育存在较大的担忧，仍有必要咨询专业人士，尤其是语言病理学家。在第6章中我将进一步说明家长们应该如何根据双语儿童的具体情况来选择恰当的专业人员。）

> 学习说话不是一场竞赛，我们所能观察到的也仅仅是儿童语言学习的冰山一角，不同的孩子对已经学会的知识和技能有着不同的表现。

表 1　语言学习的里程碑

年龄	孩子理解的语言——接收性语言	孩子输出的语言——表达性语言
语音：出生至5个月	"启动"语言功能，并能通过一些方式和大人进行交流。会跟随你的目光来回看。	开始发出如 /ahh/ /ee/ 的元音和模糊的 /g/ 音，偶尔有些不清楚的咿呀学语（比如 /ba/ 说成 /b-waaa/）。会笑，有时会用微笑回应别人。
音节：6～9个月	听到自己的名字会转头看说话的人。开始明白"不"的意思。可以看你指的方向（不是只盯着你的手指）。	开始发出真正的音节，如 /bababa/ /dadada/。还会吹气让嘴唇颤动（如果孩子在吃东西的时候发这个声音，一定够你忙活的……）。
咿呀学语、词语，日常语言活动：12个月	开始能听懂一些感兴趣的事物名称。	会发出语言中较简单的发音，比如 /ba/ /da/。会参与（但不会主动做）一些日常重复性的语言活动，比如随着童谣儿歌做动作，说再见等等。有些孩子开始说少量的词语。
单词：16～18个月	16个月男孩儿的可理解词汇量平均为140词，范围在50～350词。同龄女孩儿的平均值为190词，范围在60～400词。①	孩子一般在10～18个月说出第一批词汇。18个月大男孩儿的平均表达词汇量为75词，范围在13～420词。同龄女孩儿的平均值为112词，范围在17～475词。如果18个月之前，孩子还没有词汇或手势的表达，家长不必担心。如果18个月大的时候还不能理解任何词汇，则需要引起关注。
双词组合句：24个月	能够理解听到的大多数话语，尤其是有大量情景辅助的情况下。	双词组合是语言输出的重要里程碑（如"妈妈鞋"）。平均在18个月或能说出50个单词时，儿童会达到该阶段。绝大多数孩子都会在26个月前说出一些双词组合。
句子：36个月	能够更好地理解听到的话语，哪怕有时语言会脱离当时的情境。开始理解更多有关心理感受的语言，比如别人在想什么、心情如何。能够按指示完成两个步骤的任务。	能够说出一些简单句，主要是当时当地发生的事情。能说出一些过去的简单的事情。在此阶段，孩子的表达已经比较清晰了，他们开始进行更长的对话（但仍有很多"平行说话"的情况——两个孩子都在说话，但不一定是在和对方说）。

---

① 这些平均值来自对语言理解最晚年龄家长报告的统计。请注意该年龄段女孩儿的平均值比男孩儿略高，但是这种性别差异到学龄阶段将减弱。

年龄	孩子理解的语言——接收性语言	孩子输出的语言——表达性语言
复杂句、对话：5岁	孩子已经能很好地在玩耍时理解别人的话语并表达了。换句话说，他们的"基本人际沟通能力"已经成型了。	能很好地说出一些复杂句，如"不，我不想吃，因为那东西很难吃。"只有一小部分5岁儿童会有发音问题，主要在 /r/、/s/ 的发音上有困难。同时，孩子也在逐渐掌握一些互动对话的技巧。
文章与偏学术性语言：8岁	逐步掌握学术性语言和抽象语言。可能会理解一些反讽修辞。	能有效组织自己的语言连贯地讲故事。8岁时已经能够讲笑话逗人笑了。

8岁的孩子既是语言的"小学徒"，又是语言的"大师"。他们仍然有很多东西需要学习，比如讲较长的故事或者执行复杂的指令。相比日常对话，读书更能帮助孩子学习长句和复杂语法。同时，孩子还将继续学习如何在不同类型的文本中或公共场合中表达更复杂的想法，并让这种表达方式与所在的社会文化相符。与此同时你也会发现，孩子与更小的小朋友在一起时，他已然是语言的"大师"了。

第二部分

"培养"的作用
——如何更好地帮助孩子学习语言

科学家研究预测，孩子在学习语言时有大约 50% 的因素是父母无法掌控的，比如孩子的神经发育速度、记忆容量，等等。不过，仍有 50% 左右是父母和教师可以加以干预和影响的。学习语言的时间和方式都是语言学习环境的重要因素，也是家长切实能够掌控的部分。这里的"环境"其实就是指和孩子说话的人，就是你——孩子的家长。

研究表明，父母对儿童第一语言的发展起着至关重要的作用。我从相关研究中提炼出下面几条原则和方法，家长们可以参考，从而帮助孩子发展语言能力。其实我们并没有必要让孩子专门上个语言课程去操练，只要把这些原则和技巧融入日常生活中，就可以看到孩子语言表达的变化。

- 你和孩子交流多少，孩子就学到多少；
- 你的耐心倾听可以鼓励孩子多说话；
- 多用互动式聊天，有助于你调整说话的内容，让孩子更容易理解；
- 多表扬可以鼓励孩子多说话，而过多负面评价会阻碍孩子说话；
- 直接纠正孩子话语中的错误未必有效，间接纠正可能效果更好。

基于以上原则，我提出了一些更为具体的建议，并归纳出促进语言发展的"12 个诀窍"，列在本章结尾的表 2 中。

> 父母对儿童第一语言的发展起着至关重要的作用。

一、多和孩子说话

堪萨斯州的两位研究人员对 42 名儿童的语言发展进行了跟踪研究。他们每月到儿童家中进行 1 小时的录音，并从 1 岁追踪调查到 3 岁。他们记录下孩子所说的每一句话、别人对孩子说的话，以及孩子在场时家庭成员间的对话。结果表明，每小时内对孩子说的话越多，孩子所说的话也就越多，而孩子在 3 岁和 8 岁时测得的智商也越高。

另外，多和孩子说话的益处不局限于有声语言，对手势语也同样有效。如果家长是聋人，那么无论孩子的听力是否正常，都应该让孩子学习手势语。对于孩子的第一语言发展而言，越早得到语言输入越好，对这些孩子来说手势语正好能够达到这个目的。

> 每小时内对孩子说的话越多，孩子所说的话也就越多，而孩子在 3 岁和 8 岁时测得的智商也越高。

二、认真倾听

当然，你也不能一直说个不停，因为倾听同样重要。我们曾经对看护者和学龄前儿童在正式和非正式课堂上的语言互动进行了研究，观察记录了不同情境下儿童和成人之间的对话量，以及语言的复杂程度。结果发现，如果成人说话过多，孩子就没有说话的机会；如果成人说话太少，则无法刺激孩子的语言表达。同时，使用"怎样……？""为什么……？""你觉得呢？"这类开放式问题，相对于"是吗？""对吗？"等封闭式问题更能促进孩子的表达。另外，如果老师给孩子更多的肯定，在完成任务时少一些指令，那么孩子会说出更多、更复杂的词汇。

> 开放式问题比封闭式问题更能促进孩子的表达。

三、进行面对面的互动式交流

对于早期的儿童语言发展来说，旁听大人之间谈话没有多大用处。要想助儿童一臂之力，就一定要在互动的情境下和儿童进行语言交流——我们所说的话一定要保证是专门说给孩子听的，并且是期待得到孩子回应的。

有很多研究都把目光投向了电视对儿童的影响，结果发现来自电视或者音像的语言输入并没有促进语言发展。美国儿科学会的调查表明，应该让 2

岁以下的儿童尽量远离电视。对于幼儿来说,如果电视一直开着,哪怕父母和孩子都没看电视,也会减少 20% 的亲子语言互动。

近年来,有些玩具生产商开发了一些"有声读物",可以把书上的内容读给儿童。虽然这主意好像不错,但研究发现它们的效果非常有限。研究人员对比了家长借助传统读物和有声读物给孩子讲故事的语言内容及数量,结果发现,孩子接收的语言量并没有明显区别,但使用有声读物的家长会出现大量命令式的话语,比如"别碰那个键""注意听我说"等,而儿童在和家长一同阅读传统读物的时候,会对故事内容有更多的讨论。

> 有声读物并未增加孩子的接收量,反而使家长说出更多命令式话语,减少了亲子间的讨论。

四、多赞扬!多鼓励!

上文提到的对 42 名儿童为期三年的研究中,得分较高的儿童所获得的赞扬和鼓励也更多,而得分较低的儿童听到的批评和警告的数量是前者的两倍,例如"不可以"或者"你真是太笨了"等。不仅如此,儿童早期的这些经历甚至会影响他们今后很多年。

五、间接纠正孩子的语言

心理学家 Hyam Ginott 多年前就建议,我们要像对待朋友一样跟孩子聊天。你一定不会轻易地批评你的朋友,聊天的时候也绝不会去纠正他们的语法问题。朋友一样的聊天方式对孩子来说是最有帮助的。

作为家长,我们最好多关注和评论孩子说了什么,而不是怎么说的。直接纠正孩子的语法错误未必有效,最好的办法是稍加改动,用正确的方式重复孩子的话。这种方式既纠正了孩子的语误,又扩展了句子,同时避免了对错误的评论。举个例子,如果孩子说"这些它们卡车都不能玩儿了",你可以这样说:"噢,这些卡车都不能玩儿了吗?让我看看,咱们怎么能把它们弄好?"首先,家长在孩子原有的句型上说出了一个正确的句子;其次,家长使用了问句,将说话的机会重新交给了孩子——这个过程就叫作"轮替策略"(turnabout)。也就是说,家长接过了孩子的话,进行拓展后,重新给孩子一

> 我们要像对待朋友一样跟孩子聊天。这种聊天方式对孩子来说是最有帮助的。

个接话的机会,而不仅仅是"填空",这样孩子就很容易接受。

所有的这些"反向提问"都没有直接教孩子某一项语法知识,但也没有放过任何一个语法错误。最重要的是,这种方式鼓励孩子继续交流下去。在本书的第3、4章,我们会进一步探讨家长对待双语对话中的错误所采用的类似方法。

六、帮助孩子讲故事

在讲故事这件事上,孩子是你的学徒,会在你的指导下慢慢进步。每天你和孩子的交谈,都是在锻炼其"轮流说话"的技巧,以及讲更长、更复杂故事的能力。

故事书是提高儿童讲故事能力的极好帮手。和孩子一起阅读的时候,家长能够发现什么内容更吸引孩子的注意力。在读故事的时候,家长可以适时地进行评论,将故事里的情节和孩子的生活联系起来,帮助孩子理解故事。另外还可以一边读一边问问题,比如"接下来会发生什么?""为什么会这样?""他心里是什么感觉?",等等。读故事还可以帮助孩子描述发生在"很久很久以前……一个遥远的地方……"的故事。这样,你们可以讨论前一天一起做过的事,或是第二天去奶奶家要做的事。这些都能帮助孩子学会讲述他独自经历的事情。

当孩子刚开始有表达欲望的时候,家长(以及教师)与他们的互动方式会直接影响讲出来的故事。我仍然记得我女儿17个月大的时候第一次"讲故事"的情景——那天我们去湖畔散步,看到几个人在水面上开摩托艇。突然其中一只小艇翻了个底朝天,这几个人顿时大笑喧闹起来。这一情景吸引了我女儿的注意。当天晚上,我们一起跟她爸爸讲述在湖边看到的一切。

妈妈:我们今天看见什么了?当时湖里有许多快艇吧?

孩子:zoom zoom(模仿摩托艇的声音)

妈妈:没错,小艇开得飞快,然后发生了什么?

孩子:zoom zoom(模仿摩托艇的声音)

妈妈:然后呢?是不是有个快艇翻了,然后上面的人都掉进水里了?

孩子：（挥动双臂，好像在水里拍打着）

妈妈：是的，他们掉进水里了。

孩子：zoom zoom（模仿摩托艇的声音）

诚然，如果把上面这段对话说成是孩子讲的故事有些牵强。不过对我来说，关键是在接下来的几天里，她经常让我陪她再次描述这个事情，然后我们会像上面那样重复整个故事。直到后来她又发现了其他有趣的事情，这个快艇的故事才宣告结束。

如果孩子能像上面那样参与进来，家长就可以尽可能多地和孩子一起讲故事。我的朋友 Jake 快 2 岁时，和他奶奶一起讲述（或者说"共同创作"）了他的第一个故事：

"杰克，还记得有一次，

妈妈要去上班的时候，

她和我们说再见。

当她走向汽车时，

你跑了出去。

当时喷水器正在喷水！

你全身都湿了。

奶奶把你抱回了屋子，

奶奶的衣服也湿透了。"

每当奶奶讲这个故事时，Jake 都会随着每一句话配合他一成不变的哑剧。在接下来的几个星期里，他仍然对这个故事非常着迷，所以一次又一次地讲述这个故事。

当孩子大一些可以使用更多的语言时，和他一起讲述事情会更容易。比如你问："你今天在学校都做什么了？"孩子回答："什么都没做。"你又问："有谁跟你一起玩儿？"他说："Joey。"你问："你跟 Joey 一起玩儿什么了？"孩子回答："玩儿飞机。"这时你还可以接着问："他把他的飞机给你玩儿了吗？"很快，孩子就可以自己把相关的信息讲出来。作为父母最关键的是要扩展孩子最初说出的句子，并帮助孩子扩展你说给他们的话语。对于孩子来说，讲述发生过的事情可能十分困难，因此家长的扩展能够给孩子有效的支持。

作为父母最关键的是要扩展孩子最初说出的句子，并帮助孩子扩展你说给他们的话语。

小结：为独立而养育

我们的目标是让孩子独立，但在独立前，我们需要谨慎地给予孩子引导和帮助——不是代劳，而是辅助。下面我用拼图游戏打个比方，来说明什么样的辅助更加合适。当孩子能完成只有 2～3 块的拼图后，家长开始和孩子一起挑战 4～7 块的图案。刚开始孩子无法独立完成，所以可能需要你帮他翻转手里的图案，或是指给孩子这一块需要放在哪里。慢慢地，当孩子能够独立完成另一个 4～7 块的图形后，你们会再按照刚才的步骤，一起做 10～16 块的拼图游戏。实际上，说话的扩展过程和拼图一样——你需要和孩子同步，但同时在其能力极限的基础上略加指点，直到他们自己达到略高一些的水平，你再提高标准。俄国著名心理学家 Vygotsky 将这个方法称为"达到最近发展区"，我个人称之为"为独立而养育"。不久，你就会惊讶地听到孩子以全新的角度给你讲述自己的想法，这一切会来得比你想象的还快。

我将上文介绍的策略归纳为以下 12 个诀窍。

表 2　促进儿童语言发展的 12 个诀窍

诀窍 1. 婴幼儿也是交流的伙伴 把孩子最早发出的声音也想象成有意义的内容给予积极的回应。要关注孩子说话的意愿和努力。你说话的声调要表现出对孩子的"话语"感兴趣，并鼓励孩子继续"说话"。
诀窍 2. 多用正面的强化 多用正面积极的方式去表达，少用命令式的警告。比如，与其说"坐下，不要讲话！"不如说"我喜欢你安静地坐着。"
诀窍 3. 围绕孩子提出的"话题"进行对话 跟孩子交流最好的切入点就是孩子感兴趣的东西，比如孩子正在看的、正展示给你看的，或是想要表达的内容等。
诀窍 4. 永远不要嘲笑孩子说的话 你可以跟孩子一起笑，但绝对不要嘲笑孩子。哪怕他说的话非常"有趣"，也不要笑话他。
诀窍 5. 不要纠正孩子的话，要用正确的语言重述 关注孩子说话的内容，而不是说话的方式。
诀窍 6. 扩展孩子的话语 想提高孩子的词汇量和句法能力，最好的办法就是扩展或重述孩子说的话。例如，孩子说"球"，你可以回应："哦，你看到球了吗？多好看的蓝色的球啊！你可以把球扔给我吗？"

续表

诀窍 7. 给孩子说话的机会 要把握好"家长说"和"听孩子说"之间的平衡。耐心的倾听能鼓励孩子表达。
诀窍 8. 问开放性的问题 与其问"你喜欢这个玩具城堡吗?"这类封闭性的问题,不如多问一些开放性问题,比如"城堡里的那匹马在做什么?""你最喜欢这个城堡的什么地方?"等。
诀窍 9. 帮助孩子讲故事 多和孩子一起编故事,然后一起多讲几遍。
诀窍 10. 使用媒体时要有互动交流 如果你在看电视,可以像亲子共读一样带着孩子一起看一小会儿,因为这是进行复杂内容对话的好机会。
诀窍 11. 寓教于乐 通过游戏来学习是最有效的。家长想教孩子的时候,一定要避免教学的感觉。
诀窍 12. 边说边做 儿歌和手指谣对儿童学习说话都非常有帮助。动听的韵律、滑稽的内容配合重复性的语言和动作,能帮助孩子快速记住词汇和句法。

第3章
学习双语或多语

如果没有特殊的语言学习生物学机制,儿童要学会第一语言比登天还难,但是孩子们在学习第二、第三语言时就不会那么难了。语言学家David Crystal认为,我们前面提到的语言习得机制(LAD)实际上是多语习得机制(Multilingual Acquisition Device,MAD)。如果能同时满足下列两个条件,促使婴幼儿学会第一语言的语言习得机制同样能帮助孩子掌握第二、第三语言。

- 在大脑对新语言最开放的语言学习关键期学习第二语言;
- 在日常生活中使用一门以上的语言进行有意义的互动交流。

本章将讨论二语习得和一语习得的异同,描述双语形成的不同方式,并着重区分两种情况:1)两种语言同时作为第一语言习得(双语同为一语习得(bilingual first language acquisition,BFLA));2)掌握第一语言后,在童年早期习得二语(早期二语习得(early second language acquisition))。我们还将探讨哪个时期是儿童大脑最易接受新语言的时期，学习二语的最佳时间是6岁前还是6岁后，以及孩子是如何像学习一种语言一样轻松学习双语的。本章末尾还给出了一些有助于孩子学习双语的小窍门。第4章将以这些小窍门为切入点，讨论如何为孩子营造语言环境，使他们能够同时用到两种（或所有）语言。

一个人究竟能学会几种语言？这个问题令人着迷。麻省理工学院的实践语言学家 Ken Hale 会说 20 种语言，而来自著名的伯利茨语言中心的 Charles Berlitz 据说掌握了 32 种语言。Berlitz 的祖父是该语言学校的创始人。在他小时候，家里每个人都用不同的语言和他说话，因此他 3 岁就能流利地讲四种语言，十几岁时已经掌握了八种。小时候他还以为每个人都有自己的语言，而且他也会有自己的语言。

理论上讲，只要是身边存在的语言，多少种我们都能学会。多语孩子和单语孩子的语言习得机制是一样的。要支持孩子学习双语或多语，我们就必须拓展他们的"语言习得支持系统"（LASS）。想学会语言就必须长期不断地接触这门语言，因此限制我们的其实是我们究竟有多长时间、多少机会使用多种语言进行有意义的沟通。双语人群比三语常见，三语又比四语常见。从家长的角度而言，为孩子创造一个持续、稳定的双语交流环境，并保证孩子不会随着时间推移而忘记，是很困难的。但只要有后勤保障，我们的大脑似乎可以接受无限多的语言。

> 想学会语言必须长期不断接触这门语言，因此限制我们的其实是我们究竟有多长时间、多少机会使用多种语言进行有意义的沟通。

一、成为双语者的不同道路

"双语同为一语习得"（BFLA）与"二语习得"（SLA）

想培养双语儿童的家长都面临一个选择：让孩子同时学习两种语言（婴儿期双语者（infant bilingual）），还是掌握母语后再学习第二语言（幼儿期双语者（childhood bilingual））。如果同时学习两门语言，即"双语同为一语习得"，孩子就会有两门"第一语言"。如果按顺序学习，孩子就会有一门第一语言（L1）和一门第二语言（L2），所以这种学习模式还涉及"二语习得"（second language aquisition, SLA）。

我们在第 7 章会看到，如果能充分接触两门语言，双语孩子可以扎实地掌握两门第一语言，而且水平和单语孩子无异。类似地，如果孩子在青春期以前学习第二语言（早期二语习得），那么他们使用这门语言的能力和使用第一语言的能力相当甚至更好。并且从许多方面来看，他们和一出生就接触这门语言的孩子并无二致。关于"双语同为一语习得"和"二语习得"的概念辨析是本章的一个重点内容。

双语同为一语习得

我们可以将大脑中的两门语言看作森林中的两棵树。"双语同为一语习得"可以看作两粒相邻播下的种子,在各自的土壤中生长。如果两门"语言"独立地扎根生长,我们就说它们都在进行第一语言习得。如果这两棵树同时种下,并且得到同样多的养分,我们便可预期它们会并列生长。(如图4a所示)

两棵树可以有完全独立的根枝,也可以有一部分互相交缠,就像不同语言中有些元素可以交叉。为了让两门语言各自发展为第一语言,需要在孩子出生时同时种下两棵树。

图4a 双语同为一语习得(双语平衡)

第二语言习得

为了让儿童第一语言和第二语言的并存状态更加形象,我们可以勾勒出另一种树。以无花果树为例,无花果树是一种寄生的植物,它的根茎有时不长在地里,而是寄生在别的树上,在寄主的根和主干之上生长,而且最终有可能遮蔽第一棵树。但是最常见的情况是两棵树互相缠绕(两种语言交织),直到成熟(晚年)。(如图4b所示)

另一种学习第二语言的方法使我们联想到"嫁接"：园丁可以把一种植物嫁接到另一种植物上，这样这棵树的根、主干和大多数枝叶都来自第一语言，但其中有一根树枝是第二语言，在第一语言这棵树的根和主干滋养下生长。（如图4c所示）

图4b　早期二语习得（两"树"同根）　　图4c　第二语言习得（一语更强）

在学校学习第二语言更像嫁接。根和主干显然来自第一语言，并由外部的人——园丁（老师）——来引导学习。嫁接的部分没有自己的根和树干，完全依赖于寄主树（第一语言）提供生长所需的养分。通过这种方式，嫁接的第二语言树枝仍然能够轻松地成长到和第一语言树枝相当的粗壮程度。实际上，它们甚至可能遮蔽"原本的"树枝（第一语言）。（如图4d所示）

图4d　第二语言习得（二语更强）

并排种植的两棵树（一个人同时学习的两门语言）拥有的土壤条件相同，也许肥沃，也许贫瘠。下雨时，两棵树都能接受雨露的滋润；天晴时，两棵树都得到阳光的照耀而成长。但从另一方面来看，如果在一片森林中，有一棵树长得十分巨大，就可能遮挡住阳光，妨碍周围矮小植物的生长。所以即使两棵树生长在同一片森林，拥有相同的气候条件，也有可能以不同的速度成长。（如图 4e 所示）

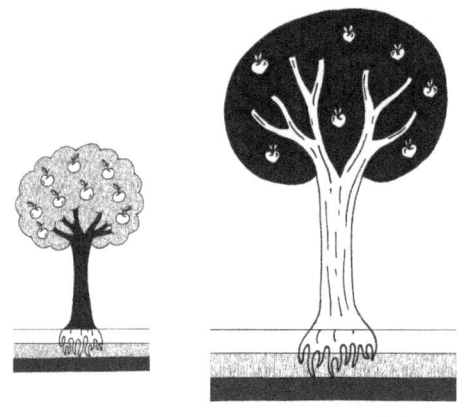

图 4e　双语同为一语习得（双语不平衡）

"双语"究竟指什么？——双语者的不同分类

这些不同种类的树有助于我们理解双语的不同形式。事实上，关于"双语"一词还没有一个被普遍接受的定义，从不同的角度可以有不同的解释和分类。

按学习时间和语言水平分类的双语者

表 3 和上面所举的"树"的例子相近，根据两门语言的习得是同时进行还是有先后顺序，可将双语者分为"早期"和"晚期"两类，并将早期双语者进一步划分为"婴儿期"和"幼儿期"。只要是在理想的种植时间（语言学习的关键时期）种下两棵树，那么无论从婴儿期还是幼儿期开始学习第一和第二语言，早期双语者都会成为这两门语言的母语使用者。而一般来说，晚期双语者的第二语言就算掌握得非常好，甚至接近母语水平，也不能算是母语者。

> 无论从婴儿期还是幼儿期开始学习第一和第二语言，早期双语者都会成为这两门语言的母语使用者。

表 3　双语者分类——按学习时间和语言水平

双语者类别	相关术语	第二语言（L2）	语言水平
早期双语者	婴儿期双语者 同时学习 双语同为一语习得	从出生开始，通常在家庭环境中以非正式的形式与母语（L1）同时习得。	L1 和 L2 的母语使用者。
	幼儿期双语者 顺序学习 早期二语习得	两三岁以后，即掌握母语后，在家庭环境中习得；或 5 岁左右开始通过学校学习。	L1 的母语使用者；L2 达到母语水平。
晚期双语者	顺序学习 晚期二语习得	青春期后，通常通过学校学习。	L1 的母语使用者；L2 的非母语使用者或接近母语水平。

按学习地点和使用方式分类的双语者

根据语言学习地点和语言使用方式的不同，又可将双语者进行如下区分。

表 4　双语者分类——按学习地点和使用方式

双语者类别	语言类别	
	强势语言 社区语言 影响力较大	弱势语言 继承语言 （通常）影响力较小
精英双语者 • 家庭成员受过高等教育 • 使用两门影响力大的语言	在家（学校）将强势语言（社区语言）作为第一或第二语言学习。	在家（学校）将弱势语言（继承语言）作为第一或第二语言学习。
少数族裔双语者 • 家庭成员整体受教育程度不高 • 使用一种"公共"语言和一种"私人"语言	在学校将强势语言作为第二语言学习。	在家将弱势语言作为第一语言学习。

无论是少数族裔双语者还是精英双语者（elite bilingual），他们学习第二语言的能力都和几个关键因素密切相关：1）该语言属于"强势语言"（majority language, ML）还是"弱势语言"（minority language, mL）；2）该语言在什么场合使用，是公共和私人场合均可使用的"社区语言"（community language），还是多为私人场合使用的"继承语言"(heritage language）；3）该语言在他们所居住的社区的影响力大小。（这些因素对语言学习的影响详见第4章）

按语言水平和语言模式分类的双语者

除非有足够的时间和使用机会，否则两种语言不可能在所有方面都达到相同的水平。更多情况下，双语者有一门"主导"语言和一门"非主导"语言。就单种语言而言，口语、听力、阅读和写作四个方面的语言能力可能有不同组合（或称"模式"），语言水平（从非常熟练到不熟练）也可能不同。

表5 双语者分类——按语言水平和语言模式

双语者类别	语言水平	语言模式
平衡双语者 精通双语者 主动双语者	精英双语者 叠加型双语者	两门语言的听说读写能力都好。
不平衡双语者 有主导语言	（典型意义的）双语者	其中一门语言（L1或L2）占主导地位。一门语言达到单语者水平，另一门语言仍然较弱，更接近外语。
不平衡双语者 主导语言不明确	仅有口语能力或兼具口语和书面能力 缩减型双语者	在典型的移民案例中，儿童开始以L1为主导语言，后改成以L2为主导语言。也就是说，L2逐渐取代了L1。通常，儿童会全面发展L2的听说读写技能，但是不发展L1的读写技能，从而使L1成为"口头"语言。
被动双语者	仅有接收能力或兼具表达和接收能力	儿童全面发展L1的四项技能，但只发展L2的接收性能力（听或读）。

在教学中，人们常常提到语言技能"类型"——用某一语言仅能进行非正式口语交流的，称作基本人际交往能力（Basic Interpersonal Communication Skills，BICS）；兼具口语和书面语两方面能力并能进行正规学术学习的，称作认知学术语言水平（Cognitive Academic Language Proficiency，CALP）。虽然语言水平是学术能力的重要部分，但做学问不只要求语言能力。

语言掌握到何等程度可被称为"双语者"？

人们在生活中使用两种语言的水平千差万别。比如联合国的同传译员，他们精通两门语言，应用语言的能力都达到了母语水平。毫无疑问，这些译员掌握了两门语言，所有人都认可他们是双语者（有时也称"精通双语者"ambilingual）。另一个极端则是父母说不同语言的新生儿，他们连一门语言都不会说、不会读，更不用提使用两门语言了。严格意义上讲，婴儿连单语者都算不上，但因为他们一直能听到两种语言，所以我们仍然称他们为双语者。

在双语者语言水平的这两个极端之间，存在着各种语言程度和使用情况。比如，我们可以假设家里上了年纪的伯伯30年前从俄罗斯来到美国，入境以后从没说过一句俄语，但在必要的情况下，他仍然可以使用俄语，因此他也属于双语者。双语的一个中间水平可以从移居海外的人身上得到体现。他们平时说移民国家的语言（可能带口音），同时依然和原国家的人保持联系，并且经常使用原来的语言。另外，在学校刚开始接触一门新语言的学龄前儿童也可以称作双语者，因为他们和新生儿一样，很可能不久之后就会说两门语言。

那些年纪较大的第二语言入门学习者大多只是具备少许二语知识的单语者，因此不应被视为双语者。那么他们日后有可能成为双语者吗？和做家务打扫房间不同的是，语言的学习是一个持续的过程，没有明确的终点，不存在某个神奇的瞬间可以让你宣布"可以了！我学会法语了！"。如果要说你已经"完全"学会了两门（或更多）语言，则更是难上加难。但是课堂学习者可以在某个时间点达到一定水平，并开始在真实的场景中使用语言。在我看来，外语学习者和双语者之间的区别在于他们使用语言有多地道。在语言课堂中，句子和词汇是用来"表现"的，用来展示学生是否知道某个意思怎么说。学生说的话并不一定代表他的想法。相比之下，如果某个学生在真实生活中使用第二语言来表达自己的想法和愿望，那么我们就可以说这名学生在双语中生活。

是两门独立的语言，还是包含两部分的一门语言？

双语者的语言应被视为"一门语言还是两门语言"，多年来一直是个热点问题。用哲学家 Anna Wierzbicka 的话说，这个问题可以换一种问法：在双语

> 外语学习者和双语者之间的区别在于他们使用语言有多地道。

者心中摆放的家具，是贴着两套语言标签的同一套系，还是针对不同语言的两套独立的系列？

共享功能（"单系统"）和非共享功能（"双系统"）

关于"单系统还是双系统"的问题很难回答，正确答案可能不止一个。双语的形成过程涉及许多因素，这些因素还会随着时间发生变化。语言系统精密复杂：其中一些子系统可能会共享，其余的则不会；一些子系统可能只和某些语言共享，而并非和所有语言都能如此。

例如，我们在迈阿密大学的课题组进行的一项研究表明，读写能力在不同语言之间共享，而口语词汇则不然。在词汇方面，不同语言中的概念是"分散的"，或者说互相割裂。儿童有可能学会了母语当中有关家庭活动或者家人关系的词汇，却没有在学校使用的语言中学会相应内容；反之亦然，他们可能只会用学校语言表达那些在数学和自然学科当中出现的词汇。我们的研究还发现，儿童年龄不同，两门语言中共享的概念的多少也不同。但是在我们的研究对象里，几乎每个人都有一些不共享的概念。他们在一门语言中理解这些概念，在另一门语言中却不理解。

> 读写能力在不同语言之间共享，而口语词汇则不然。

单语模式和双语模式

看来，"单系统还是双系统"这个问题不能再用"非此即彼"来回答。实际上，双语者似乎在单系统和双系统之间来回摇摆。科学家告诉我们，双语者在说一样东西的时候，两门语言被同时激活，但是大脑必须做出决定：哪门语言要被克制，哪门语言可以释放，或是同时保持两门语言的激活状态，并在同一个对话中一起使用。似乎所有双语者都能使用单语模式（单独使用其中一门语言）或者双语模式（在一次思考或一场对话中使用两门语言）。

单语模式

语言学家 François Grosjean 断言，双语"不是两门单语在一个人身上的简单合并"。但是，与此观点相反，一些双语者更愿意按照我们所说的"单语模式"来运用两门语言。也就是说，他们在和一个人说话时（或者在某种情境中）以单语模式使用一门语言，而和另一个人说话时（或者在另一种情境中），则切换成另一门语言，但交流中仍然采用单语模式。在我写这本著作的过程中，一些人向我讲述了他们童年的双语经历，Radha 就是其中之一。她说，从一种语言到另一种语言的转换，对她来说就像换上不同的帽子，有时戴着"泰米尔帽"，有时戴着"英国帽"。从说了一夜的泰米尔语的梦中醒来之后，她可能要在课堂上使用一整天英语。她的妈妈介绍说，Radha 3 岁的时候就能以单语模式在两种语言之间轻松转换。据她回忆，那时候 Radha 在上英语学前班，去接孩子放学的时候，她会用泰米尔语跟孩子说话。Radha 听完之后点点头，转身就用英语把妈妈的话转告老师。等老师用英语回应之后，她又用准确的泰米尔语转告妈妈，如此往复。

双语模式

许多双语者不像 Radha 这样将两门语言分开使用，身边有其他双语者时，他们会采用"双语模式"或者说"大杂烩语言"来进行交流，也就是同时使用他们的两门语言。只有当对话双方都能理解这两门语言时，这种模式才可能实现。而当双语者的交谈对象是单语者，或者是更喜欢"单语模式"的双语者时，他们会避免用"错误"的语言来接话。除此以外，也就是当他们和其他会说同样语言的双语者在一起时，他们会按"双语模式"进行交流，以充分利用两门语言的资源。

双语模式和语码转换

在双语模式下，说话者经常在两种语言之间来回切换，或者说进行"语码转换"(code-switch)。这种在两门语言（这里称作"语码"）之间发生的平滑转换，既可能出现在句与句之间，也可能存在于句子当中，但是它出现的位置必须满足语法结构的要求。人们过去认为语码转换是双语出错行为，是由于说话人没有熟练掌握两门语言所致，因此无法用一门语言来表达完整的思想。事实往往并非如此。相反地，只有能够熟练使用两门语言之后，才能掌握语码转换技巧。

有些语码转换只是用来填补说话人词汇的空白。比如在下面的句子中，"快看，快看，我发现一只——a frog"，意思是"快看，快看，我发现一只——一只青蛙"。当然，在更多的情况下，语码转换是说话者有意为之，因

> 语码转换并非双语出错行为，只有能够熟练使用两门语言之后，才能掌握语码转换技巧。

为此时用转换语中的词语能更加贴切地表达想法。比如，法语中的"joie de vivre"，就比英语中的字面翻译"joy of living"（生活的快乐）具有更浓厚的喜庆色彩。在意第绪语中，许多词语的含义和用法需要很长的篇幅才能解释得通，"chutzpah"就是一个例子。这个词在英文中常常被译作"nerve"（胆量），例如"She has some nerve!"（她可真大胆！）同时，它又有点"gall"（鲁莽）或者"shamelessness"（无耻）的意思，但这些词语单拿出来，都不能完整表达这个意第绪语单词的确切意思。

语法视角的语码转换通常是由"触发器"引起的。比如下面的句子："Sometimes I'll start a sentence in English, *y termino en espanol*."（有时我说一句话，开头是用英语，结尾却用西班牙语。）这里的"触发器"是指两门语言中具有共同心理表征的词汇或语法结构，因而可以"触发"一门语言向另一语言的转变。专有名词是最常见的触发器之一，比如："Di jungste ist in Portland. That's Ruby..."（句中德语的意思是"年纪最小的在波特兰市"）这句话以德语开头，中间出现美国城市"Portland"（波特兰），之后转换成了英语。还有一些意思相近的词语，虽然在不同语言中的具体含义不尽相同，但是也常常会触发语码转换："an' we reckoned Holland was too *smal voor ons. Het was te benauwd...*"（对我们来说空间太小，感觉太压抑了……）。"smal"一词的读音跟荷兰语中的"狭小"和英语中的"小的"很相似，因此十分自然地成为一个从英语向荷兰语转换的触发器。

所有的双语者都可以选择是否转换语码。他们似乎拥有一个仪表，仪表的指针可以左右摇摆，指向其中一门语言，也可以指向中间。一般来说，儿童双语者的指针更趋于指向中间位置，也可能偏向其中一侧——具体位置取决于身边的人的影响。儿童对他人发出的语言信号很敏感，这种表现甚至在2岁之前就已经存在，尽管他们还不能娴熟地控制自己只使用一门语言，尤其是在他们所接触的另一门语言具有主导作用的情况下。随着年龄的增长，他们对语言的选择愈加自主，且在适当条件下仍然会选择双语模式。

"双轨"对话

如果对话双方的双语组合相同，他们就能同时使用这两门语言进行会话。

儿童对他人发出的语言信号很敏感，这种表现甚至在2岁之前就已经存在。

他们可能都同时使用两种语言；也可能进行一场"双轨"对话，即双方在说话时使用与对方不同的单语，但是在聆听时采用双语模式。例如，在双语家庭中我们经常发现在父母和孩子的会话中，家长使用弱势语言，孩子使用强势语言。我在意大利学习的时候，课堂上用意大利语讲课，但我在课上提问和回答都用英语。课堂里所有人都用双语模式听课，但是用单语模式来说话。

二、语言由大脑的哪部分掌控？控制两门语言的大脑部位是否相同？

研究大脑对两门语言的管控方式，可以帮助我们从另一个视角解答双语究竟是"一门语言还是两门语言"这个问题。我们主要以两种方式来探究大脑思维：1）"版图论"探索各门语言由大脑哪个部位负责，各占据大脑多少空间；2）"软件论"探求大脑对语言的管理方式、语言之间的关联，以及能否探测到不同的激活形态。19世纪以来的医学研究给我们提供了大脑的"版图"信息，现代成像技术对健康大脑的分析也使我们得以更加了解大脑的"软件"形态。

大脑的"版图论"

大脑的"版图论"源于大脑损伤研究。大脑在受到撞击或其他外部损伤后，常常引发"失语症"。患者既不能说话，也听不懂话。19世纪中叶以来，失语症研究者在大脑外层（也称作"皮层"(cortex)，在拉丁文中是"皮肤"和"外皮"的意思）找到了两大语言控制中心。其中一处主要负责合乎语法的讲话，即布洛卡区（Broca）；另外一处负责理解和选择字词，以及理解句子，即韦尼克区（Wernicke）。

大脑的左边也就是"左半球"控制右侧身体的活动，"右半球"控制左侧身体的活动。对大多数人而言，右侧身体（或者左边大脑）在许多方面的活动能力强于左侧身体（或者右边大脑）。布洛卡区和韦尼克区的语法和理解控制中心都位于左半球，即"优势"半球（"左撇子"当中有一小部分人的语言控制中心位于右半球）。

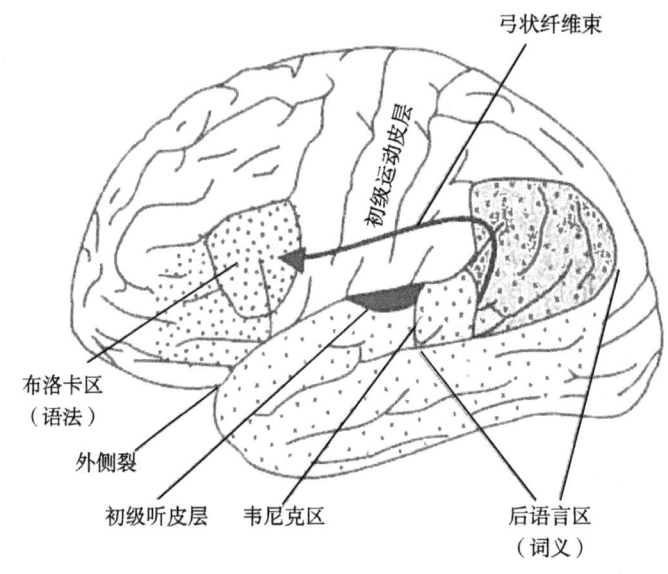

图 5　大脑中的语言中心

大脑中的语言区域

对于成年人，大脑左侧前后额叶之间的中部区域受损将导致"布洛卡失语症"。此类患者可以理解别人说的话，并且表现出发音的欲望，但没有表达的能力，如："不……呃……今天……呃……妈妈……学校……嗯。"他们发音困难，说出来的词语大多为实义词，并且不包含表达语法关系的小词或者词缀（如英语中的"to"或"-ed"）。他们理解简单句的能力似乎是正常的，但如果用难一些的句子进行测试，例如，把主动句"那个男孩儿洗了这只熊。"换成被动句"这只熊被那个男孩儿洗了。"，我们会发现其理解能力还是有问题。由于患者嘴巴右侧松垮，同时伴有右侧上下肢瘫痪，因此一开始研究者们曾认为问题出在口腔肌肉神经被"切断"。神经可能确实受损了，但患者大脑中的语言"软件"似乎也同时被破坏或抹除了。

另一种失语症叫作"韦尼克失语症"，成因是大脑的"意义中心"受损。大脑的韦尼克区也在左半球，位置相对布洛卡区靠后。韦尼克失语症患者发音自如，说出的句子大多符合语法规则，却没有任何意义。下面这句话来自我观察过的一名韦尼克失语症患者："你知道电话香了，我想把他变圆，就像你之前发现的那样去做。"这就好比我们派大脑中负责选择词语的仓库管理员

> 布洛卡失语症患者可以理解语言，有发音欲望，但无表达能力。

> 韦尼克失语症患者发音自如，说出的句子大多符合语法规则，却没有任何意义。

去找一套词语，他却拿回来一套完全不匹配的词。令人吃惊的是，这些患者的语法用得比较好，但是在选词上往往错误连篇。另外，韦尼克失语症患者在理解方面存在困难，而且对自己的语无伦次毫不知情。

如果双语者的大脑受到撞击损伤，大多数情况下双语能力均受影响，但仍有相当多的例外，表现为患者的一门语言受损，另一门语言却得以幸免。这种例外情况提醒了早期研究者，他们意识到，至少对此类患者来说，两门语言在大脑中的储存位置并不相同。此外，人们还发现一些罹患失语症的双语者大脑受损部位是在右侧，而非左侧。这使得人们开始认为双语者是通过在大脑的另一半球占据空间来实现语言能力扩展的。另据一份极不寻常的报告显示，有一名患者某天只会说双语中的一种，第二天却只会说另一种，如此往复。基于这一现象，该患者的医生推测，患者的语言并未受损，但是控制语言检索的机制与语言是分离的，且有可能单独受损。

大脑的"软件论"

一直以来，我们只能根据大脑某个部位受损之后所造成的影响来确定语言功能涉及哪个部位，因此我们无法捕捉到语言在正常大脑中的影像。这种情况一直延续到上世纪末。fMRI（功能磁共振成像）、PET（正电子发射断层）扫描和ERPs（事件相关电位）等新的成像技术带给我们来自健康大脑的革命性新数据。这些新的数据将大脑"版图论"与"软件论"联系到一起。通过大脑活动映射实验来捕捉人们使用一门或两门语言进行听说活动的大脑状态，结果显示，第一语言和第二语言在进行不同活动的时候（例如听和说）会占据大脑的不同位置。我们还观察到两门语言也会在相同空间"发亮"，就像在同一个电脑硬盘上可以同时运行两个软件程序。

用各种工具制成的展示大脑激活状态的幻灯片和视频显示，成年双语者的两门语言与单语者相比，在大脑中的分布范围更广。发表在《自然》杂志上的一篇文章显示，当精通双语的儿童说话时，他的两门语言会"点亮"大脑的相同区域。但是当观察对象换成晚期双语者时，两门语言的激活区域并不重合。法国的研究者还发现，大脑右半球某些活动与第二语言的使用有关。近期，研究人员把只说一门语言状态下的双语者同单语者进行比对，结果显

> 精通双语的儿童的两门语言"点亮"大脑相同区域，而晚期双语者两门语言的激活区域并不重合。

示，当双语者只说一门语言时，大脑左半球的活动情况和单语者无异。然而，当双语者接受另一项测试，在两门语言之间来回切换时，研究人员在其大脑右半球的相似区域也发现了活动迹象。

> 不熟练的行为涉及大脑区域更广，连接较弱；熟练度提高，参与的神经元减少，反应强度增大。

总体看来，至少在某些功能方面，第二语言在大脑中的分布区域更广。为了解释这一现象，研究者们用一语习得中的大脑功能重组进行类比。通过观察婴儿和成年人的大脑开发模式，我们发现练习较少的行为涉及的大脑区域较广，区域内连接较弱。随着这些行为不断得到练习，它们逐渐开始"聚焦"，参与反应的神经元相应减少，而反应强度则逐渐增大。如果第二语言的学习较晚，使用不太流利，就有可能占用更多的大脑空间。但如果两门语言均得到大量练习，大脑就能在一个半球中高效地进行处理。此外，脑电波的数据似乎表明，两门熟练语言在大脑中的位置相同，但是各自独立开展工作。

这些新的实验技术也让我们能够从更小的孩子那里找到他们在双语环境中进行双语学习的证据。在孩子能够自己表达出听懂了哪些内容之前，科学实验设备可以帮我们了解这些信息。例如，仪器可以通过婴儿的脑电波、心跳和眼部运动，测出他们听到熟悉和陌生的声音时表现出的不同反应的强度。这些技术能够显示出婴儿满1岁之前对不同语言的不同反应。1岁前这个阶段，不管是哪种语言环境中的婴儿，都会发出同样的咿咿呀呀的声音。即便孩子知道自己听到了不同的语言，也没办法用言语告诉我们。

三、儿童大脑具有包括语言在内的特殊的学习适应力

大脑的外层，或者叫大脑皮层，是人类学习时使用最多的部位。我们通过大脑皮层来获得数学能力、空间意识、规划能力、推理能力，同样也通过它来学习语言。人类的大脑皮层比动物的灵活得多，或者说可塑性更高。黑猩猩的大脑在许多方面与人脑相似，但即便如此，它们的大脑皮层和人脑相比仍然相去甚远。由于适应力是人类智力的关键，因此我们的大脑并非生来就具备各种复杂的功能。任何本领都需要在随机分配给我们的出生环境中后天学习。所以，婴儿出生时大脑当中并没有预装许多"软件"，而是拥有巨大的"容量"。恰恰是大脑当中相对较空的部位在激发我们的学习需求，并为学

习提供空间。父母并没有将生存本领内嵌在孩子的大脑中，而是在荷尔蒙和文化的共同作用下保护孩子，直至其学会了在环境中生存的本领。人类的这一学习过程比其他动物要漫长得多。人类大脑皮层的开发会一直延续到青春期（也有人认为可达到 20 多岁）。

当然，孩子并非一块由父母"书写"的"白板"。这就好比婴儿出生时没有恒牙，并不意味着父母就要给他们装上牙齿。孩子的"语言大脑"中没有预装英文或者中文软件，但大脑的语言中心预备了一套更通用的程序，并"连接"着分析语言结构的语法分析器。婴儿大脑尤其擅长把听到的话语抽象成各种句式，之后应用到新的话语中去。语言习得机制（LAD）包含了所有语言通用的规则和结构，孩子的任务就是为他听到的语言所需的结构找到印证。

儿童的"语言大脑"有何特别之处？

儿童的感观——听觉、视觉和触觉等——也特别适应发现语言。婴儿天生具备敏锐的听觉，这种能力比大多数动物幼崽要强。与单调的声音相比，他们更喜欢复杂的声音（比如语言），而且能够分辨出语音之间的细微差别。在这方面，6 个月甚至更小的婴儿就已经与成年人水平相当。他们可以瞬间定位声音来源。

虽然婴儿的视觉与听觉相比相对较弱，但是他们所具备的视觉能力对语言学习十分有益。婴儿喜欢关注人的脸部，尤其是眼睛和嘴巴——这两个部位对学习语言十分重要。比如，他们会观察你嘴型的变化，同时为了了解你在看哪里，必须看着你的眼睛。（第 2 章提到，婴儿学习单词的时候，会通过观察你目光注视的物品来确定你表达的意思，从而将语音和语义关联起来。）

在儿童的大脑中，为语言学习提供最强动力的是超常的血液循环和新陈代谢。儿童大脑的运转速度是成年人的两倍。他们的血糖消耗不断增加，到 2 岁时稳定下来，并保持在成人血糖消耗量的两倍左右，这种状态将持续到 9 岁前后。婴儿的大脑高速运转，在神经元之间建立新的连接。通过这些连接，他们才能学会发音和词汇，然后处理话语中的语法。

> 婴儿出生时大脑当中并没有预装许多"软件"，而是拥有巨大的"容量"。恰恰是大脑当中相对较空的部位在激发学习需求，并为学习提供空间。

> 婴儿天生具备敏锐的听觉，更喜欢复杂的声音（比如语言），而且能够分辨出语音之间的细微差别。

> 儿童大脑运转速度是成年人的两倍。

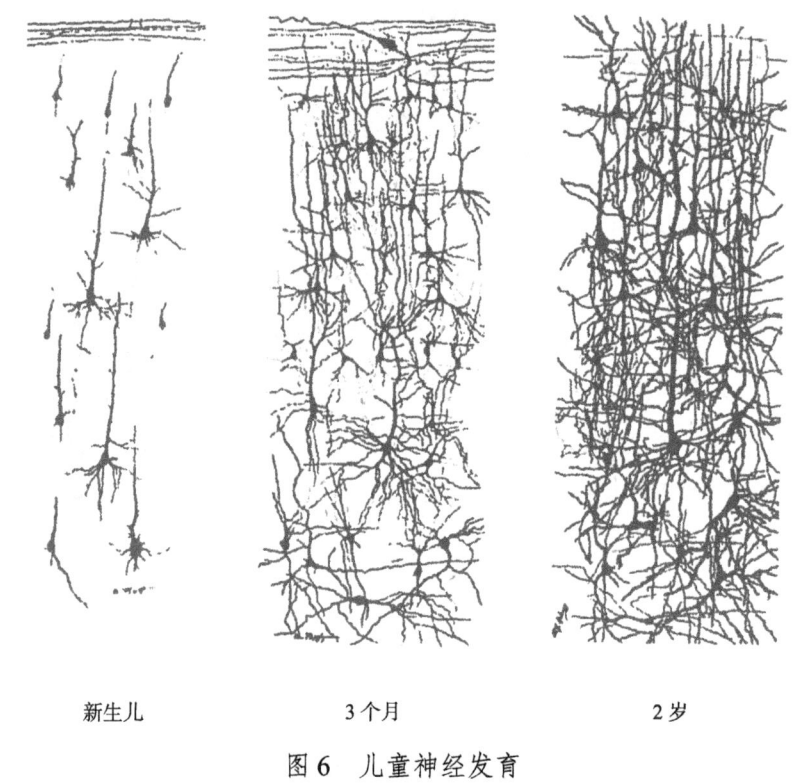

新生儿　　　　　3个月　　　　　2岁

图 6　儿童神经发育

> 5岁以前，儿童的神经元连接飞速发育；5岁以后，这些连接被大幅修剪，直至削减到成人水平。

婴儿出生时，大脑中的神经元已经基本形成，但是神经元之间的连接却比成年人要少得多。从图6可以看出，新生儿神经元连接的数量比3个月大的婴儿少很多。这就好比在一个城市里，各家各户都安装了电话，但各家之间一根电话线也没有。5岁以前，儿童的神经元连接飞速发育，平均每个神经元发射出15,000条连接。5岁以后，这些连接被大幅修剪，直至削减到成人水平。可见，儿童大脑中产生的大量神经元连接到最后并不一定都有用，只有那些对语言起作用的被保留下来，其余的则渐渐萎缩。

高超的言语分辨力

儿童分辨语言的能力可称得上神奇，但是这种能力只是暂时的——仿佛是短期租来的——只能保持到他们能够分辨出自己学习的语言为止。之后大脑就会阻挠（但不是完全阻止）听觉，不再进行分辨。我们在第2章可以看到，学习某种语言的语音时，你会仔细听语音之间的某些区别，而忽略其余的语音信息。英属哥伦比亚大学就此进行了一系列著名实验。实验结果显示，婴儿天生擅长听辨语音差异。到 6 个月后,如果没有继续听到不同的语言,就会很快忽略这些差异。无论是哪门语言,婴儿都可以学会。6 个月的婴儿可以听辨所有语言的语音,不过到 12 个月时,只有听到语言中必要的语音时,他们才会继续听辨。

规则制定者

我在第 2 章曾经提到,儿童还具备一项特殊的、用来学习语言的语法生成本领,即语言习得机制。儿童生来能够从听到的话语中**寻找**规律。他们预设话语都有结构,如果没有听到其中的结构,他们便自己创造。Simon 的例子很有说服力。他是一个失聪的孩子。他的父母也是聋哑人,而且他们直到十几岁才开始学习手语,因此父母二人的手语"不合语法"(比如略掉"he runs"当中的第三人称单数标记"-s")。尽管如此,Simon 的手语却比父母更加准确。他从父母不规则的手语中提取出规律,全面应用到了自己的手语当中。

> 儿童生来能够从听到的话语中寻找规律。

儿童大脑何时最易接受新语言——"关键期"之争

机会之窗

儿童学习语言的能力比成年人强得多,因此一些学者推测语言学习存在"关键期"。这个"关键期"大约在六七岁时结束(也有人说到青春期)。

从技术上来说,"关键期"就像一扇机会之窗,有明确的开关时间。只有在这段时间内进行各项学习才能获得理想效果。基于对动物的研究,我们对"关键期"这一概念并不陌生。刚出生的小鹅会识别、模仿出生后 48 小时之内看到的动物。对这只动物的印象会在这最初的两天里定型,或者说在它的脑中留下"印记",之后再也不会发生改变。在大多数情况下,这对动物的生存非常有利。一般来说,小鹅最先看到的是鹅妈妈,坚定的跟随意识可以帮助它们获得食物和保护,但也有例外情况。在一个著名的案例中,一名科学家在实验室里观察新生鹅的行为。小鹅最先看到了他。从那以后,每当他出现在这群小鹅的视线中,它们就会排成一排,紧紧地跟着他。

下面这个例子和语言学习更加相关。鸣禽类如果在出生之后的两周内听

> "关键期"就像一扇机会之窗,有明确的开关时间。只有在这段时间内进行各项学习才能获得理想效果。

到同类的鸣叫（即使是从录音中听到），就能发育出正常的鸣声。倘若在那个阶段不让它听到正常的鸣声，那么之后再做多少补救都是徒劳的，它们再也掌握不了正确的叫法，导致之后也吸引不到合适的配偶。

第一语言的关键期

人类学习第一语言似乎也受到此类时限的制约。从出生到大约10岁之前，婴儿大脑对语言的准备最为充分。在这段时期，婴儿完全接触不到语言的情况是极为罕见的。因此，我们较少关注人类学习语言的时限。但在20世纪70年代的洛杉矶，确曾发生过一起骇人听闻的案件。案件中的孩子真的被剥夺了学习语言的权利。一位患有精神病的父亲将他的女儿绑在一间小屋子里的便盆椅上，长达12年之久。这个女孩有饭吃，有衣服穿，但是没有人陪她玩耍，甚至除了在她发出声响的时候被打骂之外，没有人和她说过一句话。人们发现她之后，把她送到了医院，接受临床治疗和观察研究。医院里的人叫她"吉妮"（Genie，意为"妖怪"）。一开始她的语言能力似乎得到了一定的开发。尽管嗓音很不自然，发音也很糟糕，但她的词汇量达到了数百个。然而，无论进行如何高强度的训练，她始终连最基本的语法都无法掌握。因此，她说出来的"句子"只不过是成串的单词，例如："man man bicycle have"（人人自行车有）或者"want Curtiss piano play"（想柯提斯钢琴弹）。在新生活刚开始的日子里，吉妮对其他活动的反应似乎都很机敏，但是由于语言刺激来得过晚，大脑中负责"语法"的部位没有在恰当的时间里得到开发，因此也无法产生必要的"线路"。

关于"关键期"的深入讨论

在大脑同样受损的情况下，儿童似乎仍能通过训练得到改善，成人则很难做到。如果人的一部分大脑皮层在幼年时期受损，其他完好的组织会接替一些功能开发工作，比如语言开发。语言功能也许无法得到百分百的修复，但是满足日常生活和在校学习已经绰绰有余。人们有时用Isabelle的例子和Genie进行对比。Isabelle曾被关在阁楼里，从来没有人和她说过话，但她在6岁的时候被救了出来。获救的时候，她不会说话，认知能力相当于2岁儿童。

但是在不到一年的时间里，她的语言和认知能力很明显都赶上了其他的孩子。

与之相反，如果成人大脑中负责语言的区域受到损伤，恢复的机会就很渺茫。一开始可能因为附近区域肿块消失，部分功能又开始运行。但是受损的功能不会再生，也就是说这种损伤是永久性的。海星在成熟之前，如果触手被碰断或者被咬掉，仍然可以长出新的触手来。儿童似乎也具备这种能力，能够重新"长出语言"，而成人却不能。对于大脑受伤的青少年，还无法提前预知，只能等等看。

所以人类学习第一语言语法的时机十分重要，这和其他动物的"关键期"相似。那么二语学习的情况又如何呢？关键期的假说给二语习得能提供多少依据？要回答这个问题，我们需要仔细考虑第一和第二语言学习之间的一些普遍区别。之后我们再来解答父母最关心的问题：让孩子学习第二语言，最多可以等多久？

四、儿童与成人的一语习得和二语习得

与一语习得相比，二语习得既简单又困难。说它简单，是因为学习者已经掌握了基本的学习方法，例如：懂得寻找词汇来谈论各种事物，懂得在理解句子时关注包含重要信息的语法标记。等孩子稍稍长大一些，过了蹒跚学步的年龄，他的记忆力也变得更好。这时舌头更加协调，大脑也能储存更多的篇章，使他有能力复述更多听到的内容。逐渐积累起来的背景知识也有助于他理解新词汇和新句子。

难在哪里？

从另一个角度，我们也可以说，在已经学会第一语言之后再学习第二语言会更加困难。因为你必须把第一语言中的许多差异放在一边，尝试着从头学习另一门语言。这些差异存在于语音系统，某种程度上也存在于词汇和句法中。关于这点，可以看看阿拉伯人学习英语的困难。在英语中，/b/ 和 /p/ 两个音互相区别，因此我们可以分辨"bill"和"pill"。但是在阿拉伯语中，/b/ 和 /p/ 并没有区别性的意义，/p/ 只不过是 /b/ 的另一种发音方式。因此阿拉伯

人听不出英语的"bill"和"pill"有区别。当他们说"bill"这个词的时候,我们听着就像"pill"。所以要学英语,阿拉伯人必须先"忘记过去所学",或者至少先把一语知识搁置起来,才能做好接受二语的准备。人们经常把一语的分类传递到二语中去,因此我们把这类错误称为"迁移错误"(transfer errors)。

儿童的语言学习能力似乎随着语言的熟练程度而调整变化。成人对语音的反应更加迅速,说话也更加简练有效——当一个人的语言实现"自动化"的时候,就像开车时挂到最快的"超速"档上。这时,说话**本身**消耗的脑力少,因而幼年时期所拥有的额外脑力资源会分配给其他任务。就好像我们的大脑知道语言学习过程需要更多脑力资源,因此暂时把这些资源提供给我们使用5~6年的时间。在能够轻松使用语言之前,大脑主管语言的部位的活动消耗着大量能量。一旦大脑的效力接近成人水平,高速的新陈代谢就会随之放缓。

这种此消彼长可能使我们失去一种重要的学习工具,也就是说在学习第二语言时,我们可能无法让语言习得机制(LAD)像一语学习时那样发挥作用。或许是这个装置过于昂贵,我们没办法一直拥有。由于一旦学习其他内容,就需要大脑空间来存储相关信息,所以在儿童成长的过程中大脑可能用LAD换取了通用功能的记忆空间。LAD对语言的组织方式特别敏感,没有了LAD,学习者就只能使用普通的分析能力来学习语言。表面看来这样的分析能力也能完成任务,但无论如何也比不上LAD。虽然我们发现成年二语学习者和一语学习者都会犯同样的发展型错误(developmental errors),但是相对而言成年二语学习者更难规避另一类错误——迁移错误,即学习者把第一语言的习惯传递到第二语言中,不过这些习惯适合一语,却不适合二语。由此可见,成年学习者一定用第一语言对第二语言进行了过滤。

为什么儿童学得更好

我们从儿童出色的第二语言发音推断,儿童可以在很长一段时间里具备辨识新语音的能力。在本章前面的内容中已经看到,儿童对语音的心理表征持续时间较长,但相对分散,不太稳定。大脑成像研究显示,儿童识别单词时大脑的反应是广泛的，参与的大脑区域较大。因此，7 岁以下的儿童似乎能推翻之前在一语接触中形成的初级语音分类。而成人的反应更加迅速，大脑的反应区域更加集中。但正如我们上文讨论的，成人的语音表征更加成熟，要想推翻是难上加难。

因此，成人的二语习得难就难在学习者没有 LAD 的帮助，而且不得不先把第一语言中的许多规则暂时搁置。此外，与学习语言的婴儿相比，成人大脑的新陈代谢水平低。因此，儿童在二语习得中更胜一筹的表现让我们推测，幼儿时期的二语习得更接近于一语习得。Isabelle 的例子也告诉我们，6 岁的孩子仍然具备 LAD。另外，儿童大脑的新陈代谢到 9 岁左右都会保持很高的水平，神经连接强度较微弱，易于改变。

> 儿童二语习得有 LAD 的帮助且大脑新陈代谢水平高，神经连接弱，易改变。

何时无法再像学习一语那样学习二语？

许多人认为，成人和儿童在学习二语时的差异属于心理或社会方面的差异。他们指出，成人很少能沉浸在二语环境中，用来学习语言的时间和精力在一天当中所占的比例相对较小。如果成人能像儿童一样摆脱束缚，不怕犯错，就一样能够学得更快更好。由于双方各有理据，关于这个问题还没有明确的答案。但是在我看来，成人的生理特点和成功模式显示，儿童的确是更出色的语言学习者。

成人学习者可以做到像学母语一样学外语，但是能够达到或者接近母语水平的成年学习者比例远远低于儿童。几乎所有学习二语的儿童都成功了，但是成人学习语言的成功概率和其他技术行业的成功概率相当——例如成为篮球明星。这样看来，成人的语言学习更依赖"天赋"，就好像大部分人只是普通球员，少数人打得极差，少数人（不足 3%）打得特别好。

人们在语音系统中发现了一类明显的迁移错误，即有的二语学习者带有"外国口音"。这其实是他们把一语的语音分类用在了二语的单词发音甚至理解上。如果二语中的某个音在一语中不存在，他们往往就无法识别。例如，在教育纪录片《美国腔调》中，讲述者四处找美国人询问"schlep"是什么意思（意第绪语中指"携带"，隐含有"令人烦躁的"之义）。有人回答："你问的是'睡觉'（slept）吗？乔治·华盛顿曾在这里睡觉？"在英语中，/sh/ 和 /l/

这两个音都有,但没有哪个词把它们拼在一起组成 /shl/。受访者不熟悉这个词,于是很快联想到一个发音相近的词来解释这个生词。类似地,我们都听过有人操着外国口音说话。亨利·基辛格曾在尼克松政府任国务卿,他十几岁开始学英语,带着德国口音,之后再也没能摆脱。相反,克林顿总统的国务卿马德琳·奥尔布赖特是早期双语者,所以没人能从她的英语中听出捷克口音。

这样的区别是无法归类的。儿童在语言学习中会出现迁移错误,成人会出现发展型错误,但这两类错误所占比例大不相同。这恰恰说明年龄较小的双语者在学习二语的过程中,受到一语过滤的干扰较少。

此外,我们不能说在某个年龄以后学习第二语言就完全**没有人能达到母语水平了**,只是很少见而已。对大多数人而言,我们在高中和大学为学习第二语言付出了很多努力,却不见得很成功(或者说不见得能享受语言学习的乐趣)。如果能沉浸在二语环境中——比如和另一语言的母语者结婚,而且生活交流都使用第二语言——即使到了十几岁或成年,我们仍能学得更好。不过大多数晚期双语者哪怕经过了 50 年的练习,仍然会用第一语言"过滤"第二语言。

我们认为,与儿童相比,一语习得和二语习得之间的区别对年龄较大的孩子和成人的意义更大。6 岁以下的儿童似乎普遍能够"像母语一样"学习第二语言(尽管青少年语言中枢受损的案例显示,一些孩子到青春期仍具有重新训练大脑其他部位的能力,而另一些则不具备)。对于那些懂得运用一语习得技巧的人来说,第二语言可以学得和第一语言一样好,甚至更好。还有很多人的第二语言成了主导语言。

对早期二语习得的警示

尽管早期二语学习者比年龄较大的孩子和成人学起来更轻松,但并不是说他们毫不费力就能成功。人们通常所说的"儿童吸收语言就像海绵吸收液体"的说法并不十分准确。教育家指出,儿童置身于第二语言的环境(比如举家迁到国外生活)之后,通常要经历四个阶段。

第一阶段,儿童可能试着用母语交流,然而他们很快发现这是徒劳的。

> 6 岁以下的儿童似乎普遍能够"像母语一样"学习第二语言。

> 儿童置身于第二语言的环境之后,通常要经历四个阶段。

于是在第二阶段，他们会经历一段所谓的"沉默期"（the silent period）。在这期间，他们说得很少，但是听得很认真。第三阶段，儿童学会一些现成的短语和"公式"，并且找到机会就用。这些短语很像旅行手册里的句子，例如"游戏池在哪儿？"或者"能给我一个吗？"这些短语和句子就像垫脚石，能帮助儿童顺利进入第四个阶段，开始"有效地使用"第二语言。各个阶段开始的时间因人而异。有些孩子完成第一阶段可能只需要 5 分钟，所以根本察觉不到。类似地，一些孩子在第二阶段花的时间很短，悄无声息，而有些孩子有可能沉默一年。（沉默一年的情况很可能是特例，这个阶段在第 5 章 Liz Spelke 和 Rachel 两个孩子的案例中有阐述。）

处于第三阶段的孩子说起短语来往往很流利，特别是那些发音好的孩子。当人们听到"我也是。"或者"怎么了？"这样的短语时，会觉得孩子听懂了，因此也更愿意同他说话。他可能使用"I want（我要）……"这样的短语公式。"I want water"（我要水）没有问题，但"I want book"（我要书，book 前缺冠词）听起来就差一点儿，但是在入门阶段已经足够了。另一个常用的公式是"I do（我做）……"，比如："I do these"（我做这些）或者"I do swing"（我做荡秋千）。慢慢地，这些句子会变成"I make these"（我制作了这些）或者"I do swinging"（我做荡秋千），后者最后改进成"I am swinging"（我在荡秋千）。孩子第一次有效地使用第二语言并非完美无瑕，但是有研究表明，童年双语者在成年后几乎都没有口音，而且语法都很顺畅。即使开始学习的时间较晚，比如 8～12 岁，人们也听不出他们和母语者有什么两样。我认识很多从少年时期甚至更晚的时间开始学英语的成年人，他们说英语在我听来就像是在说"母语"。但是如果让他们在实验室接受压力测试，比如迫使他们快速地回答问题，或者要求他们在说话的同时做一些复杂工作，那么这些听起来像母语者的成年人会比真正的母语者犯更多的错误。根据一些成年后学习二语并达到"接近母语水平"的人讲述，他们的二语水平在大脑疲惫或兴奋的时候会直线下降（尽管喝一点点酒有时能说得更好）。

由此看来，"双语同为一语习得"并非轻而易举或者尽善尽美。我们当然也能看到 Ana 这样的例子，她说她记不清自己是什么时候学的英语，就好像一直都会这门语言。我们在第 6 章将看到，同时学习两门语言的孩子一开始会把二者弄混，可能会用错误的语言跟别人说话。但这种情况不会一直持续下去，也不是混乱无序的表现。像"he goed"（他去了，本应说 he went）这样的一语错误一样，双语错误也是双语水平发展的健康组成部分。这些错误的存在说明孩子正在超越现有的语言知识，努力拓展语言能力。

五、在其他孩子学习一门语言的时候学习双语

> 学习双语在某些方面比学习一门语言难，但不会达到双倍难度。多学一门语言并不会造成额外负担。

看来，学习两门语言并不那么轻松，但也不算太难。目前形成的共识是，学习双语在某些方面比学习一门语言难，但不会达到双倍难度。此外由于每学一门语言大脑都会提供更多的资源，所以多学一门语言并不会造成额外负担。与只学一门语言相比，大脑将分配更多区域来负责语言活动。第 2 章介绍的单语儿童语言学习进度表对双语来说，各进程节点也大体一致，但两门语言中通常只有一门可以达到和单语近似的水平。对于学习双语是否会延缓各个进程节点的担忧十分普遍，因此我会用整个第 7 章专门阐述这个问题。

围绕双语学习和单语学习的一个主要争论点是"双语者的两门语言是否共享大脑资源"。如果语言系统是共享的，就可能形成合作关系（学习双语会更简单）或者竞争关系（学习双语会更困难）。如果并不共享，彼此完全独立，负责第二语言的区域就会将所有一语资源复制一份供自己使用。如果语言之间争夺彼此空间，其中一门就可能被挤出去。但如果两个系统共享资源，那就无须再为第二语言进行资源复制，同样的资源可以从一门语言"迁移"至另一门语言使用。在这种情况下，学习第二语言不会产生额外的"开支"。如果像上文图 4a 所描述的那样，两种语言很大程度上相互独立，那么学习双语就可能需要两倍的空间及处理过程，但也未必变得更困难。

"门槛"

学会一门语言所需的时间或接触量，取决于语言学习的不同层面。也就是说，语法、语音和词汇的学习各自有不同的要求。在词汇方面，学会一个单词所需的接触量由这个单词的复杂程度决定，例如："mammal"（哺乳动物）比"dog"（狗）复杂，"reinvent"（再创造）比"invent"（创造、发明）复杂。

因此，无论是学习第一语言还是第二语言，接触量和习得量之间并不存在固定的比例关系。我们关注的是某种"门槛"。在接触量达到某个水平时就产生一种直接关系，这个量叫"临界量"（critical mass）。超过这个点之后，更多的接触就不起多少作用了。为了方便理解，我们打个比方：假如临界量是 10 次接触，那么接触 5 次的效果就不如 10 次好；但如果接触 10 次之后已经掌握了某个单词，那么接触 15 次并不会产生更好的效果。这样的门槛在语言的不同方面各不相同。复杂的单词比简单的单词学习门槛高：被动句 "The dog was washed by the boy."（那只狗被男孩洗了。）比主动句 "The boy washed the dog."（男孩洗了狗。）的学习门槛高。

倘若不存在门槛机制（或者类似的机制），那么双语学习反而会成为对一语的折损。也就是说，其中一门语言会抢走另一门语言的资源。这样一来，同这些只有 50% 的时间来学习其中一门语言的孩子相比，那些把 100% 的时间投入同一门语言的孩子的掌握程度将是前者的两倍。然而事实并非如此。我们在语言学习的许多方面都能观察到这样的"门槛"或者"临界量"。双语者学习简单的单词和句式时达到"临界"水平的时间同单语者一样，即使面对比较复杂的内容，也只是稍微落后而已。

容量

我们已经从上文了解了大脑的"发育"方式。脑细胞不会新增，但是现有细胞之间的**连接**会增多。这是对外界刺激反应的结果。没有刺激，就没有新的连接；刺激越多，新的连接也就越多。因此，和单语者相比，双语者很可能拥有大量额外的连接和资源供第二语言使用。回到之前对大脑的比喻，我们可以看到，如果从"版图论"的观点来看，儿童的双语词汇将面临空间问题。但是，如果用"软件论"来看，处理加倍的词汇量并不会超过一般运行容量的弹性范围。好比一台电脑上可以同时运行不同的程序，大脑中也可以同时"运行"不同的语言程序，且有许多方法来处理不断增加的存储数据。

我们从上文看到，双语者的词汇量并不一定是单语者的两倍。第 7 章还会对此进行讨论。无论如何，一个人的词汇量在正常范围内存在巨大的可变性，这个范围估计在 20,000～100,000 词之间。这个宽泛的范围留出了足够的空间，使得大多数人即使词汇量增加一倍，也不会超出正常范围。

词汇学习通常是一次一个，而且更强调接触量，或者说在语言上花费的时间总量；而语法和语音学习的关键则在于开始接触的年龄。第 7 章将会讲到，与单语者相比，双语者的接收性词汇量（receptive vocabulary）要大得多，存储容量不成问题。然而，培养提取词汇并使用词汇的能力似乎需要付出更多的努力，所以双语儿童两门语言的表达性词汇量（expressive vocabulary）一般仅和单语孩子相当，而不是像接收性词汇量那样会更大。因此，把某一门语言单拿出来对比时，双语儿童的表达性词汇量很可能要少一些。无论采用哪种方式评估单一语言的词汇量，孩子掌握的另一门语言知识都是被排除在外的。

"复合词"或"词句法"

到目前为止，我在讨论词汇时并没有把一般词和复合词区别开来。这里的复合词指的是包含"语法标记"的单词。"boys"（男孩们）由"boy"（男孩）和表示复数的"-s"组成。"walk"（行走）指的是一种活动，"-ed"则表示这种活动发生在过去。这类复合词中的"语法标记"有一个语言学术语，叫"词句法"（morphosyntax，MS）。由于该术语本身就是一个复合生僻词，所以我一直避免用它来进行表述。

词句法是介于语法和词汇之间的边界区域。对任何年龄段的语言学习者（包括单语和双语学习者）来说，它都是语言学习中最有挑战性的部分，更何况大脑中似乎没有专门处理词句法的处理器。在词句法的使用中，有的规则占据少量思维存储空间，比如：名词加"-s"变成复数，动词加"-ed"变成过去式。但是，这些变形规则也存在例外，如 go 的过去式是"went"而不是"goed"。规则本身似乎属于句法，但这些特殊的例子却属于词汇的范畴。记忆这些例外情况的"成本"跟存储一个个的单词大体相当，但是习得难度很可能更高。

接触量达到多少才够？

这个问题让我们思考，既然多语者接受的语言输入会分摊给两门甚至更多的语言，如果想让其中一门语言达到和单语者相当的语言水平，需要分配多大比例给它才**够**呢？输入量达到什么水平才能让他们在使用这门语言时得心应手呢？这些问题并没有确切的答案。要想学会一门语言的基本知识，达到流畅使用的程度，需要两到三年的时间。尽管学习两种语言的词汇和词句法比学习一种更费时间，但在第二语言的语音和句法方面没有必要投入额外的时间和精力。双语者与单语者相比，他们之间同一语言的水平差异不会大于两个单语者的差异，都在正常范围内。在第 4 章我们会讨论，双语者要做到轻松使用两门语言，每天或者每周需在每门语言上付出多少时间。

你该等多久？

有意培养双语儿童的父母面临的一个主要问题是，该同时学习两门语言，还是先学会一门，晚点儿再学另一门。这个问题的答案并不唯一。一方面，婴儿能在最短时间内适应语言的学习，所以许多父母希望充分利用孩子这种优势；另一方面，在其他功能瓜分掉"尚未领到任务的大脑皮层"之前，儿童似乎可以把学习语言的天赋保留几年。

儿童学得快，忘得也快

在对于"该等多久"的思考中，还隐含着另一个相对的问题："第一语言的训练要进行到什么时候，才能保证孩子不会忘掉这门语言？"这是关键期问题的另一面，因为孩子学得快，忘得也快。关于儿童第一语言的研究显示，9 岁以上的移民儿童在学习新语言后不会丢掉一语，而 9 岁以下的研究对象只用了一年时间就把自己的**首选**语言换成了英语。三年之内，多数年龄较小的孩子说英语就说得跟母语一样好甚至更好了。

最佳办法

根据上述研究，我的观点是，你需要等孩子上完小学才足以支撑起第一语言。你可以（也应该）尽早引入第二语言，但只要有可能，就应该在开始二语学习之后继续学习第一语言。最理想的状态是让孩子在学校接受双语教

> 9 岁以上的移民儿童不会丢掉一语，而 9 岁以下的移民儿童只需一年便将首选语言换为二语。

> 虽然儿童具有语言学习的特殊天赋，但是这种天赋会逐渐消逝。

学。跟美国相比，欧盟有更多的小学采用了外语教学模式，让学生同时学习多门语言。但是在美国，可能除了华德福学校（Waldorf Schools）以及一些双语沉浸项目之外，没有多少小学开展外语教学。

第 5 章和第 8 章会解释为何要在引入第二语言之前等一段时间。我希望能说服你们不要等太久，因为虽然儿童具有语言学习的特殊天赋，但是这种天赋是会逐渐消逝的。

六、促进儿童双语发展的策略

在第 2 章我们讨论了父母帮助孩子学习语言的方法，既适合一语学习也适合多语学习。我给出了一些可以加强与孩子日常交流的方法，使孩子愿意主动表达。在第 3 章我们看到，对幼儿来说，第二语言和第一语言是非常相似的。二者的区别在于，无论有没有你的鼓励，孩子都需要在一定程度上使用第一语言，而第二语言则不然。所以在二语学习中家长最大的任务就是鼓励孩子使用这门语言。

下面这些指导原则和我在第 2 章给出的有重合之处，比如，不管是哪种语言，绝对不要嘲笑孩子说的话。我之所以在这里再次强调，是因为孩子把几门语言混淆而犯的错误比使用一门语言犯的错误更可爱，也更好笑，因此家长可能更难控制自己不去取笑孩子。另外我还想再次强调的一点与纠错的策略有关。在学习一门语言的情况下，通过重述和拓展儿童所说的话进行间接纠错比直接教语法更有效。然而，在第二语言的学习中，成人更愿意直接讲语法，纠错误。由于儿童通常会有一门语言相对较弱，所以有时候他们的表达会显得比自己年龄小。有些错误甚至是你没预料到这个年龄的孩子会犯的。如果孩子小一点，你也许不会注意到这些错误，也会更有耐心。

表 6 中给出的其他指导意见是专门针对双语学习的，包括如何建立平衡的语言使用习惯、如何鼓励孩子多使用其中一门语言等。后者主要指弱势语言，在美国则多指继承语。不过这些意见对那些想加强孩子强势语言的家长来说同样有用，甚至可能事半功倍。

表 6　促进双语发展的 12 个诀窍

诀窍 1. 保持一致 选择一种语言模式，并坚持下去。
诀窍 2. 温和地坚持 用不同的方法经常提醒孩子学习双语的益处。
诀窍 3. 让二语学习有趣味、有回报 努力让孩子感受到使用第二语言的乐趣。充分利用歌曲、动作表演。给予物质奖励，如买新书、去远足、吃美食等，但要注意节俭，不能奢侈。要牢记：表扬、表扬、再表扬！重复、重复、再重复！
诀窍 4. 惩罚要谨慎 家长可能想尝试略施威胁，比如不让孩子看电视，或者对孩子说，"如果你今天晚上不和阿姨说芬兰语，明天就不许你带朋友 Joey 去野餐。"但是这种小惩罚一定不要过度。长期来看，威胁往往容易滋生逆反心理，让语言学习失去吸引力。
诀窍 5. 多利用各种媒体 家长一方面可以把多形式的媒体用作孩子娱乐的主要来源（如双语版或目的语版的书、视频、CD），另一方面可以用来激励自己（网站、邮件或者指南——就像现在这本书）。
诀窍 6. 直接互动是关键 媒体可以用，但只能作为辅助手段。重点还是在真实生活的互动交流上。
诀窍 7. 不要取笑孩子的错误 永远不要拿孩子努力说话时犯的错误开玩笑，也不要因为孩子出错时样子可爱而开玩笑。
诀窍 8. 不要让孩子在别人面前"表演" 不要让孩子"表演"说弱势语言。很多双语儿童都反映这是会说两门语言让他们最讨厌的时刻。当你要求孩子在听不懂的人面前说那种语言时，孩子可能（也有正当权利）质疑你头脑是否清醒。
诀窍 9. 不要直接纠正孩子的错误 用隐蔽式纠正的方法纠错。先保证表达流畅，同时再纠错。孩子需要不断提高。扩展和重述的方法对单语学习有用（参见第 2 章），对双语学习也一样有用。
诀窍 10. 走出三口之家，创造更广阔的语言环境 找到与你有共同目标的双语亲朋好友。 旅行。 雇佣说外语的家庭帮工，并制订方案，让其和孩子互动交流。 邀请说目的语的单语朋友来家里做客。 找那些比自己孩子小，而且说目的语，最好是单语者的孩子和自己的孩子一起玩儿；如果是双语孩子，可以事先约定，鼓励他们用弱势语言进行单语交流。

	不要忽略老年群体，退休的人大多喜欢和小朋友聊天。 让孩子知道很多人都会说你想让他学的那门语言。
诀窍 11. 利用双语教育	
	给孩子选择双语学校，并支持学校的双语教学。
诀窍 12. 拓展第二课堂	
	寻找家庭语言班、继承语"周末学校"、幼儿游戏组，以及用弱势语言开设的音乐艺术班。 可以从培养用弱势语言问候的习惯开始，然后利用歌曲和游戏为孩子们的交流模式定下基调。你自己在小组里也要扮演"单语者"的角色。 要利用好这些第二课堂，但是别把它们当成唯一努力的重点。

最后，你还要打开视野，借助外力。在第 6 章，我们会讲到语言学习出现问题的危险信号（包括一语学习和二语学习），以及应该向语言专家咨询哪些问题。

第 4 章
营造双语环境

前面两章我们从整体上讨论了儿童语言的发展。事实上学习一种语言所掌握的技能同样适合两种或多种语言。作为父母，你并不是教孩子语言，而是为孩子提供良好的双语发展环境。本章我们将探讨营造第二（或第三）语言环境的具体策略。

培养双语儿童的关键在于孩子本身具有说双语的意愿。在孩子的生活中，父母要为弱势语言提供空间、制造机会，让孩子觉得它既有用又有趣。强势语言对儿童的吸引力不言而喻——哪怕父母都不会这门语言，孩子照样可以学会。然而，若想让两种语言都"成长"起来，整个家庭必须付出特别的努力。

本章中我将介绍双语儿童培养成功案例中总结的不同培养策略，还将探究什么样的情形和态度会妨碍孩子学习双语。最后，我将介绍你该如何在自己的家庭中应用这些知识。需要强调的是，仅凭父母之力来营造一个真实的双语环境是有些困难的，所以我还将推荐一些可以起到辅助作用的人物和场所。接下来在第 5 章，你将听到几位使用这些策略的父母的经验之谈，我们还会——探讨他们策略的成功之处及启示。阅读本章的同时，我希望你能思考几个问题：你的孩子通常在什么地方听到或者使用语言？除了核心家庭之外，你还可以借助哪些资源为孩子提供更广阔的语言环境？

我用了较大篇幅来介绍强化弱势语言的方法，因为两种语言环境不均衡对家长是一个更大的挑战。不过，这些方法也同样适用于刚移民到一个新国家的孩子，这能帮助他们更轻松地学会新的社区语言。

一、成为双语儿童的条件

如果你希望彩票中大奖，你就必须先去买张彩票。同样，如果家里和学校都没有双语环境，培养双语儿童也是无稽之谈。如果你大部分时间生活在双语环境中，你的孩子也很可能学会双语。但如果你没有每天主动和孩子说两种语言，那一定要有意识地这样去做。其实这并不复杂，前提是你要相信这样的行为能够促进孩子的双语发展。

培养双语儿童的成功率

近期一项调查显示了单语为主的国家中双语儿童培养的成功率。共有100位父母通过网络聊天的方式参与了此项调查，他们都来自欧洲以单语为主的国家的双语家庭。有80%的家长认为自己的孩子能够主动使用双语。7～11岁的孩子中，这个数字接近60%。所以结论是：有60%～80%的孩子主动使用双语，而剩下的20%～40%都被父母认为是被动双语者。与此相似的一项研究调查了18,000名比利时人，其中2,250个家庭在家中使用一种以上的语言，但其中只有75%的孩子会说双语。

这里就涉及一个评价角度的问题。好比一杯水只剩下一半，有些人会说：“还有半杯水呢！”有些人会说：“怎么只剩下半杯水了呢？”所以，有些家长会想：“不错，四分之三的孩子都在家庭环境下成了主动的双语使用者。”而有些人则会说：“居然还有四分之一的双语家庭没有培养出双语儿童。怎么会这样呢？！"其实，既然有75%的孩子成为双语者，我们就可以看出培养双语儿童并不需要多么特殊的家庭条件就可以实现，大多数参与调查的人都获得了成功。但同时我们也可以看到，双语家庭没有培养出双语儿童也不是个例。

> 培养双语儿童并不需要多么特殊的家庭条件，大多数参与调查的人都获得了成功。但是，双语家庭没有培养出双语儿童也不是个例。

培养双语儿童的一般原则——动机和机会

这些调查说明，不管对于成人还是儿童来说，生活在双语环境下并不保证他们一定会说双语。虽然使用双语不难，但这并不是一蹴而就的事情，而是需要家长的努力。无论用什么策略，让谁跟孩子说双语，基本原则在于提供"动机和机会"。

父母要让孩子拥有：

- 足够的动机去使用弱势语言；
- 足够的机会去和弱势语言的使用者一起交流和互动。

同时保证：

- 始终提供孩子使用双语的外部条件；
- 亲自或让其他人坚持对孩子说双语；
- 让孩子感受到说双语的好处。

试着抛开自己的观点，从孩子的角度去看待第二语言。你自己使用语言的意愿不会自动转变成孩子的意愿。虽然孩子们经常会为了取悦大人而听从父母，但在孩子的世界里会有对这门语言的价值的自我判断。如何能让孩子感受到第二语言的吸引力和不可或缺，久而久之使二语成为孩子自己的目标呢？

二、家庭中最常用的策略

在家庭中选用哪种策略来培养双语儿童取决于你的目标和拥有的语言资源。这里介绍的都是最主要的策略和操作方法。本章结尾的《语言资源自我评估表》会帮助你选择最适合自己的策略。策略本身并没有优劣之分。每种策略都会在不同的情形下发挥出最佳效果。

这些策略的名称及缩写如下：

- 父母分工（One Parent One Language, OPOL）；
- 家庭使用弱势语言（Minority Language at Home, mL@H）；
- 因时因地（Time and Place, T&P）；
- 混合语言原则（Mixed Language Policy, MLP）。

希望家长能灵活运用下文的方法。贵在坚持，但也要学会变通，特别是当情况有变或是收效甚微时，随时改变策略是非常常见的做法。

"父母分工"策略（OPOL）

"父母分工"策略是指两位家长各负责说一种语言，一般情况下是说各自的母语。不过，一方说弱势语言，另一方说强势语言（即社区语言）的情况也很常见，即便说的并不是自己的母语。如果父母各说一种弱势语言，再加上外界的强势语言，孩子就能听到三种语言。

这种策略下，父母要商量好当孩子在场时，夫妻二人交流使用哪种语言，以及一家人如何同时在一起交流。这里有一个难点——当孩子没有明确说明想跟哪位家长讲话时，我们不清楚孩子是不是想和两位家长同时讲话。George Saunders（参见第5章的案例）提出了解决办法。他的孩子同时学习德语和英语。每次，孩子都会喊其中一位家长的名字，然后用相应的语言说话，同时让另一位家长也听得见。如果有问题要问另一位家长，孩子就换另一种语言。这种交流手段在他们家是行之有效的，不过大家也可因地制宜选择适合自己的方法。

"父母分工"策略是广受欢迎的一种经典策略，在欧洲和加拿大尤受青睐。这样可以让孩子很容易对语言进行区分，比如爸爸说的就是法语，妈妈说的就是日语。孩子能够很轻松地接受这个原则，甚至使用起来比父母还要认真和严谨。

"家庭使用弱势语言"策略（mL@H）

在这种策略中，弱势语言只在家庭范围内使用。当然，前提是每位家庭成员都能很流利地说这种语言。父母都说双语的家庭采用该策略很普遍，而且孩子一进家门就知道该讲弱势语言了。

与以往相比，近年来该策略受到了更多人的认可和接受。相比"父母分工"策略，孩子听到弱势语言的时间更长。用过该策略的父母认为孩子擅于用"地点"（而不是"人"）来区分语言，孩子在不同地点对同一个人说不同的语言也似乎相当自然。

"因时因地"策略（T&P）

第三种策略常被称为"因时因地"策略。双语学校的课程通常都是依据该策略设定的。所用语言会根据时间和地点转换，例如：上午用弱势语言，

父母各说一种语言。孩子容易接受并愿意认真执行。

弱势语言只在家庭范围内使用。孩子更擅于用"地点"来区分语言。

下午用强势语言；这星期的社会课用英语讲，下星期就用西班牙语讲，通常还会换教室，这样一来，时间和地点都会变化。"因时因地"策略意味着家庭会打破常规。有些采用"父母分工"策略的家庭，可能在周一到周五都是一位家长一种语言，而周末则调整为"家庭使用弱势语言"策略；也有的家庭因为去了外地或者有说弱势语言的人到家里做客而变换语言；还有的家庭每年中有九个月使用"家庭使用弱势语言"策略，而其余三个月全家会搬到说这种语言的国家，这三个月里无论家庭还是社区都是讲弱势语言的。

父母想转换策略时，不妨考虑使用"因时因地"策略进行过渡。例如，采用"父母分工"策略的家庭在另一个国家居住一年后，回国就可以采用"家庭使用弱势语言"策略。

"混合语言原则"策略（MLP）

在很多地区，包括我曾居住多年的迈阿密，混合语言原则是最常用的一种策略。据我所知，这种策略无须特别的技巧，只要根据话题或情境选择合适的语言即可。别人用什么语言提问，你就用什么语言回答，而你也可以用任意一种语言去开始一个新话题。有人会根据不同的话题不断转换语言，比如，用学校里的语言和孩子谈校园生活，用家里的语言聊聚会，用社区语言侃球赛，等等。还有人会在所有的话语中都使用双语，孩子也会从一开始就不断转换语言。对很多家长来说这种频繁的语言转换已成为习惯，如果只是为了孩子而停止转换，他们甚至会觉得很别扭。

甚至是采用其他策略的家长也会发现他们也在经常变换语言。有些家长开始使用的是其他策略，最终也都在使用"混合语言原则"策略。

虽然这种策略对很多人都奏效，但我并不推荐有意悉心培养双语儿童的家庭使用。因为这种方法没有对弱势语言的使用地点和使用时间进行特别划定。我们可以借鉴当前世界各地"语言复兴"运动的做法。如在夏威夷和威尔士，濒危的弱势语言正在努力回到人们的日常生活中。语言规划者慎之又慎，他们努力为弱势语言留出独有的日常功能，避免弱势语言与强势语言形成竞争。

如果某种语言对我的意义非凡，我非常想让孩子去学，那么我一定会处处以之为先，按语言复兴人士的建议，想尽办法给弱势语言尽可能多的独有的使用机会——讲睡前故事、听音乐、看录像等。我会尽我所能将孩子从强势语言的巨大吸引力中挣脱出来。如第 7 章中所述，在家说强势语言对学业并没有太大帮助，尤其是有些孩子从幼儿园开始每天都听老师说强势语言。如果你的家庭有条件，我会帮助你将它打造为弱势语言的堡垒。

以上是双语家庭中最常用的四种策略。当然，有些人也会将四种策略组合使用，或者有自己独特的方法。社会语言学家 Annick de Houwer 研究发现，相比只有一名家长或没有家长说弱势语言，采用"家庭使用弱势语言"策略更利于培养双语儿童。不过，选择其他方法也不无道理——重要的是与你的目标和语言资源相适应。遍布世界各地的众多案例证明每种策略都是有效的，因为"有志者，事竟成"。

三、特殊情况

父母不会说双语或者第二语言说得不够好怎么办？

第 5 章中会讲到，父母并不是孩子弱势语言的必需来源，孩子也可以通过其他方式接触到它。来自父母的弱势语言虽然最方便、最可靠，但绝不是唯一的来源。

如果我达不到母语者的水平，也可以采用以上策略吗？

当然可以！我知道有的父母虽然愿意跟孩子说第二语言，但会有这样的困惑。他们担心自己的错误和口音影响到孩子。其实这就像非英语国家出生的父母对孩子说有口音的英语一样，并没什么大碍。没有证据显示非母语使用者会影响孩子学习语言。实际上，非母语的父母有时候比母语的父母更成功。因为他们觉得自己的水平可能不够，所以会更积极地去寻找母语者来进行交流。在我看来，只要你语言基础还不错，想让孩子学这门语言，就可以教孩子。为孩子学习弱势语言积极地创造机会远比制造负面影响更加重要。本书中的案例也证明这种情况完全可行。

> 没有证据显示非母语使用者会影响孩子学习语言。

另一方面，说强势语言的父母也在困惑该如何培养孩子的弱势语言。这种情况在第 1 章提到过，在第 7 章和第 8 章我们会再次回顾。其实，哪怕不是母语使用者也无须退缩，关键是你想不想使用它。本书中有很多这样的案例。一开始父母会犹豫："我的词汇量够吗？我能成功吗？说起来自然吗？"而他们自己的答案都是："我一定没问题。"例如，Martin 只在大学学过两年意第绪语，他却从儿子刚出生就开始教他意第绪语。十年过去了，现在 Martin 跟所有小孩（包括自己的孩子）都更习惯用意第绪语说话。

父母们的语言程度参差不齐，有的有十年海外经历，有的像 Martin 那样只学过两年。就像威斯康星州的 Janette 说的，"我们又不用这种语言写学术论文，只是教孩子穿袜子、喝果汁而已。"如果感到不确定，你可以看一下本书参考文献中 George Saunders、Jane Merrill、Jameelah Muhammed 的书，他们都是这种情况的父母。

> 语言进步的关键在于语言丰富的环境、多种形式的刺激，以及宽松的氛围。

非母语使用者的孩子与所有孩子一样，其语言进步的关键在于语言丰富的环境、多种形式的刺激，以及宽松的氛围。这种氛围鼓励孩子们勇敢表达，也更加重视孩子的言语和想法。

父母中一方不会说第二语言怎么办？

在许多夫妻中，只有一人会说第二语言，而且会说的一方还会担心另一方是否会有被排除在外的感觉。那么他/她会愿意和孩子一起学吗？根据上文提到的网络访问调查，其实多数人都自然而然地跟着学了，不过使用单语的父亲们可能不太愿意。如果父母中只有一人会说某一种语言，这样的家庭一般都采用"父母分工"策略。孩子双语的进步程度取决于跟谁待在一起的时间长。

然而，如果夫妻一方完全听不懂另一方跟孩子在说什么，大家都会觉得不舒服。怎样才能确保对方不受冷落呢？这就得具体情况具体分析了。我们以 Aviva 为例。她和丈夫 Ben 居住在以色列，她的母语是英语，而 Ben 不太懂英语。他不想让孩子既学英语又学希伯来语，因为他担心孩子说英语的时候他会听不懂。不过 Aviva 答应 Ben 她和孩子不会用说英语的办法来瞒他什么。

当Ben不在场时，Aviva跟孩子多用英语交流；而他在场时，也会有一个人为他翻译。这个方法的效果还不错，Ben的英语水平也提高了。但Aviva的家人从美国过来玩儿的时候，事情就难办一些了。大家七嘴八舌，语速又快，Ben就很难听懂。不过即使语言相通也会出现这类情况！比如我丈夫来自美国南部，他就觉得很难跟上我那些纽约亲戚们饭后闲谈的节奏。

客人来访怎么办？

这要看客人说什么语言，是谁的客人，以及要待多久。父母都希望孩子尽可能多地接触弱势语言，要是客人会说，那就是天赐良机了。

有的客人只会说强势语言，你和孩子可能免不了在短时间内用强势语言跟客人进行交流。不过，有的外地客人停留的时间长，有的本地亲朋也会经常来访，所以短期和长期你都得做好打算。

父母可以招呼客人用一种语言，和孩子还是根据"父母分工"策略用平时的语言。只要孩子不是频繁地参与交谈，听到也不要紧。孩子可以用客人的语言作答以示礼貌，与父母交流则可以用弱势语言。

当其他孩子在场时，需要改变语言策略吗？

有其他孩子来访时，父母和孩子可能倾向于用强势语言，但并没有这个必要。迈阿密的Aned的两个孩子在学习西班牙语和英语。她觉得有说英语的朋友来访时，继续和孩子说西班牙语没什么不便，他们可以为客人翻译。但美国圣达非市的Guerlin一家指出，当孩子跟玩伴们在一起时，父亲用英语来和孩子交谈会显得更合群一些。

我想大多数情况下你会发现，孩子和大人一样，都会根据具体情况自动调节单语或者双语模式。

我们想换一种语言交谈怎么办？

对大人来说，最容易的事情莫过于一辈子只说自己的母语，但孩子的降临也是一个改变的机会。在准备迎接孩子的同时也是自己适应新的语言习惯的绝佳时机。参与调查的父母指出，自己用了4～6周的时间去有意识地改

> 在准备迎接孩子的同时也是自己适应新的语言习惯的绝佳时机。

变，新的语言习惯才得以"站住脚"。他们要不断提醒自己，感到别扭也要坚持下去。6 周之后，自然就轻车熟路了。

四、儿童能否成为主动双语者的影响因素

成为被动双语者是走向主动双语者的必经之路吗？从以上研究我们得知，双语环境中的孩子不会自动成为主动的双语使用者，许多人会成为"被动"双语使用者：能听懂但不会说（参见第 3 章表 5）。其实被动使用双语并不是成为主动双语使用者的必经之路。被动双语者要想开始使用第二语言成为主动双语者，也需要和单语者一样的策略。不过，能听懂第二语言也是很实用的技能，比如，当你带孩子到另一个国家探亲时，孩子就不会一个人走丢。因此，听懂一门语言是成为主动双语使用者的良好开端。

交流，交流，还是交流

很多因素都会影响第二语言发展，比如积极的态度、使用频率、语言的官方地位等，但就语言的学习和使用而言，最重要的还是使用该语言交流的时间。无交流，自然无长进。交流不够的话，孩子即使学了，也达不到自如使用的水平，也不会有主动使用语言的意愿。迈阿密大学的研究发现，孩子不睡觉的时候，至少需要 20% 的时间（大概一周 16 小时）都处于语言丰富的环境中，才能学好弱势语言。低于这个指标，孩子只能学会只言片语，不会自己造句。

输入循环。语言表达能力与接触时间是正相关的关系。如图 7 所示，当孩子使用弱势语言时，随着输入增加，熟练程度在增加，进而应用增加，导致输入增加，如此循环往复。相反，如果孩子不使用弱势语言，则输入减少，熟练程度降低，导致应用减少，输入减少。

"输入"指什么呢？这个术语指的是"孩子直接接收的话语量"，也可以说是孩子为产出语言而吸收进入语言习得机制（LAD，参见第 2 章）的"原材料"。新的研究采用一种叫作"LENA"的录音装置，能将孩子全天说的话语及外界语言记录下来。结果表明，"背景"语言并不是有效输入。最有效的

> 至少一周 16 小时处于语言丰富的环境中才能学好弱势语言。

> "背景"语言并不是有效输入。最有效的输入是你直接回应孩子的话语，并鼓励孩子回应你。

输入是你直接回应孩子的话语，并鼓励孩子回应你。最好能经常让孩子主导和你之间的交流，你顺着孩子的语言来进行互动，这样你就能一直清楚地了解他的语言发展水平。同时，你需要努力吸引他的注意，以促成更多的交流。

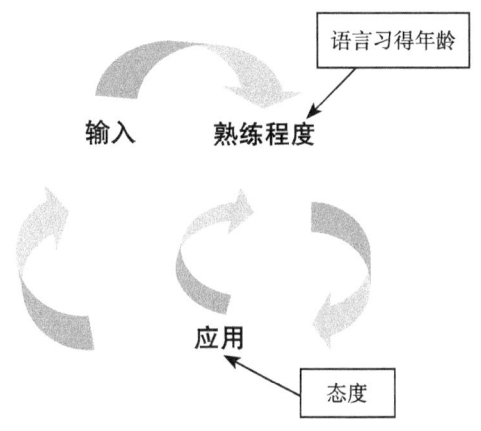

图 7　语言输入、熟练程度和应用的关系

影响双语培养的非主要因素

当然，这个循环也涉及很多其他因素，比如孩子的态度、该语言在本国和国际上的地位，还有其他的社会条件都会影响语言输入量和孩子的接收量。

态度与语言使用的关联

对语言本身感兴趣的恐怕只有我们语言学家了，普通人更关注"谁在说"和"在说什么"。孩子的玩伴中有没有会说这种语言的？有没有孩子愿意跟你一起用这种语言唱儿歌？当你们说这种语言时，大家有积极的反馈，甚至赞扬吗？如果孩子觉得它很特别（而不是"奇怪"），就会抱着积极的态度去使用，于是就形成了输入良性循环。但是，如果父母、兄弟姐妹或伙伴们对这门语言的态度是负面的，比如，认为说这种语言的人很蠢很落后，或者拿这开玩笑，这就起到了负面效果，不但削减了孩子的热情，减少了输入，也降低了孩子的使用能力。

某些情况下，输入量就决定了使用态度是否积极，但这也不是绝对的。近期，一项针对比利时的三语使用者的研究表明，在孩子的语言模式变体中，父母的语言模式占到了84%。比例虽高，但说明仍有一定空间是学习者的态度、价值观和社会状况在影响孩子的语言选择。

弱势语言与强势语言的社会地位

从现实的角度来说，弱势语言的可输入量更加重要。我们研究组以及其他学者都发现儿童在使用同样的学习方法的情况下，所需的弱势语言的接触量比社区语言（强势语言）要大。造成这种不平衡的情况一方面是由于生活背景中强势语言出现得更多，比如电视、广告、邻居等，另一方面是儿童自然地被强势语言的文化强烈吸引。

强势语言对儿童来说特别重要，可能比对他们的父母还要重要。因为强势语言是他们社会生活的救生索，是他们与同龄人联系的纽带，也使他们能更好地了解主流文化，与同龄人更合群。强势语言的背后有媒体、学校、广告等强大的力量作为支撑。

这种悬殊不只出现在英语以及其他世界主要语言上。"较小"的语种被强势语言遮蔽的情况到处都在发生。虽然全世界现有六千多种语言，但是只有少数几种是被广泛使用的。世界人口的40%说八大主要语言中的一种或多种，另外40%的人口也只使用75种语言，其余六千多种语言只有剩下的20%的人在使用。本地语言向强势语言转移的现象非常普遍，也多次被语言地理学家记录下来。语言转移的速度给世界上很多地方的准双语父母带来更多挑战。在一些两种语言交叉使用的地方，人们普遍发现地方语言越来越失去群众根基，除非能像夏威夷和威尔士那样，采取积极的措施扭转这种向强势语言的转移。

语言转移的过程并非总是那么明显。例如，我们发现西班牙语在迈阿密看似是一个正在壮大的社区语言，但人们没有意识到它的使用人口其实在缩减。很多研究表明，迈阿密的移民孩子已不像美国其他地区的前几代移民的孩子那样能流畅自如地使用西班牙语了。西班牙语使用者在迈阿密看起来似乎在增长，只是因为不断有新的说西班牙语的移民过来。如果没有家长的齐心努力，很多时候西班牙语并没有真正地传递给下一代。鉴于家长们还没有意识到失去这门语言的风险，也就没有采取积极的措施来预防语言的消失。例如在佛罗里达州南部的拉美裔聚居地，尽管当地有非常丰富的语言资源，

> 儿童在使用同样的学习方法的情况下，所需的弱势语言的接触量比社区语言（强势语言）要大。

但人们意识上的缺失使得培养双语儿童成为一件难事。

语言技能与语言使用

语言技能和使用的关系（图 7 "输入循环"）看起来十分简单：如果一个人不擅长某种语言，他就会避免使用；如果一个人经常用某种语言，他肯定具备一定的语言能力。其实，相对于强势语言，这种动态的机制更适用于弱势语言。强势语言拥有的强大的社会有利条件和需求，压制了输入和流利度等其他因素并抵消了它们的作用。加利福尼亚州立大学的研究者 Hakuta 和 d'Andrea 对加州的墨西哥裔青少年群体进行调查后发现，西班牙语语言水平影响他们西班牙语的使用量，但英语的使用则主要受孩子们主观态度的影响，而不是客观的英语技能。实际上，他们中多数人都高估了自己的英语水平，所以即使说得并不好也会经常使用。

所学两种语言的不同特点

正如我们看到的，环境会影响语言学习的难度，但难度并非语言本身的特质。语言没有难易之分，任何一种语言都可以被婴儿所掌握。从成人的角度来说，跟母语越相似的语言越容易学。美国政府的外国语言研究所曾评估过美国人学会一门语言所需的时间，结果是学俄语比学西班牙语花费的时间要多，学中文的时间则更多。但对孩子来说，所有语言的难易程度是均等的，即使是父母说的语言也没有"基因"优势，好不好学主要取决于周围人说什么语言。如果父母是韩国人，但孩子在澳大利亚长大，英语自然就更容易学，若是在希腊长大，希腊语也一样好学。

> 对孩子来说，所有语言的难易程度是均等的，即使是父母说的语言也没有"基因"优势。

在以往的研究中，我并未找到证据证明孩子的个人特质会影响双语同为一语习得（BFLA）——听力障碍、智力低下、自闭症等同样影响单语一语习得的因素除外。个性特质在这里是没有关系的，无论孩子学习速度如何，性格是否害羞，有无语言天赋，喜不喜欢单词游戏，都不会影响他们成为母语使用者。当双语学习者逐渐长大，个人差异的影响才会显现，但此时他们已不再是儿童双语者了。就像我们普遍能够学会第一语言一样，只要是有双语需求的健康的孩子，就一定有能力学会两门甚至更多的第一语言。

即便是第二语言（即学会第一语言之后再学的语言），在条件充足的情况下也完全可以学会。虽然我们在第3章中提过，幼儿的第二语言习得并不总是像我们想象得那么轻松自如，但我还从未听说哪个有足够"动机和机会"的孩子没有学会第二语言，即使是"特殊儿童"也可以学会。

在迈阿密大学"婴幼儿发音研究"中，有2名唐氏综合征患儿在家学习两种语言。这种病肯定会影响他们的语言发展——发音不标准、词汇量较小、语法简化，等等。他们比同龄孩子要落后好几年，可能永远也不能完全习得语言。但是，他们在家学的两门语言的水平都达到了学习一门语言的同样预期。他们与说西班牙语或英语的亲戚朋友都能够交谈。

第6章会介绍一些特殊儿童的语言问题，比如放弃第二语言是否会减轻他们的语言障碍等。不过我们至今还未发现任何能将孩子完全排除在第二语言学习之外的情况。

社会地位和媒体支持

语言本身并不决定它的难易程度，但是它的社会地位非常影响它对孩子的吸引力和可获得的输入量。有些语言容易学是因为资源易得。易于获得的儿童资源给双语家庭提供了"文本支持"，并且使孩子们对这门语言更感兴趣。法国的"丁丁"、巴西的"莫妮卡"等儿童流行文化里深入人心的形象，还有国际知名故事人物形象作品的译著和译制片都能有效促进弱势语言的习得。小熊维尼说过什么、唱过什么远比妈妈说"快去打扫房间！"更有力量。孩子们在自己能看懂文字之前，会迫不及待地央求父母读小象巴贝尔的下一个奇遇故事。这些故事图片精美，语言简单，可以把孩子吸引到另一个语言世界里。无论是阅读还是看迪士尼动画片，当他们沉浸在《米老鼠》《芝麻街》等故事中时甚至感觉不到此时用的是另一门语言。一些卡通形象有时说英语，有时说斯瓦希里语，让孩子们觉得和他们自己的双语模式一样。因此这些卡通形象也成了孩子学说双语的榜样。

对稍大点儿的孩子，阅读会让语言更熟练、记忆更深刻。一旦能够使用某种语言阅读，以后就很难忘记这种语言。在迈阿密进行的一项调查研究发现，学生们倾向在不同场合用不同语言。在教堂，他们更倾向于用西班牙语、芬兰语等家庭语言；而在学校活动和音乐方面则多用英语（尽管拉丁萨尔萨音乐比美国流行音乐更风靡）。调查中唯一表示自己在大多数场合都会使用弱势语言的人都是在学会用第一语言阅读之后才移民美国的。

书籍让孩子有更多的机会接触语言，也能带来更强烈的学习动机。不过，使用一门语言并不要求一定要具备读写能力，事实上有很多人都是说得非常流利却不会读和写。然而阅读的确能提升一门语言对于儿童的价值，并且让孩子通过书籍更主动地去寻求更多的语言输入。

用歌曲输入语言可能比书籍和电影更胜一筹。孩子们可以完全放松下来，重复歌词，练习语言。唱歌对孩子很有吸引力，几乎随时随地都可以唱！

社会团体因素

如果能够借助家庭以外的力量（继承语团体就是很好的外援），双语家庭的孩子能更好地掌握弱势语言。这里说的社会团体可以指类似威尔士语言学会这种正式的政府机构，他们通过给予财政和文化支持，促进威尔士语在公众场合和个人生活中的使用；也可以指有些地方的教区教堂或社会机构，他们也在为说弱势语言的人提供服务，以保持弱势语言文化的活力。如果父母有私交甚好的朋友说弱势语言，孩子们也会更多地使用它。以第二语言为媒介的教会活动、体育活动也会提高这门语言的价值和使用频率。

学校因素

显而易见，学校是社会团体支持和促进弱势语言使用的最佳途径。我们在迈阿密的小学调查时发现（详见第 7 章），如果孩子在家很少说西班牙语，西语成绩很容易下滑；但如果学校有一半的课程采用西语教学，就会极大弥补家庭中弱势语言的缺失。只要在学校有一半时间使用西语，无论在家是只说西语还是西英双语，孩子的西语成绩都会更好，因而无须刻意避免家庭里英语的干扰。（请注意本研究中在家是否说英语对英语成绩的影响不大，因为它是社区语言，优势明显。）

孩子也可以只通过学校学习一门新的语言。第 5 章将讨论学校在语言学习中的作用，你会看到许多孩子通过学校学会弱势语言（可能是父母都不会的一门语言）的成功案例。

> 阅读能提升一门语言对于儿童的价值，并且让孩子通过书籍更主动地去寻求更多的语言输入。

家庭因素

对于在家学习弱势语言而言,哥哥姐姐有时会对弟弟妹妹的语言学习有所帮助,有时则不会。在有些家庭中大孩子会成为小孩子的榜样——如果爸爸既会德语又会英语,但看到哥哥跟爸爸只说德语,年幼的孩子就会觉得这样很正常,也会照着做。

但更多情况下,大孩子会把更多的强势语言带回家。他们说强势语言的伙伴会来家里玩耍,他们用强势语言一起谈论电视节目、漫画和电影。孩子小的时候,外界资源主要由父母提供,长大之后,他们会自己选择读什么书、看什么电视节目、和谁一起玩儿。以我的经验,兄弟姐妹之间还是用强势语言居多。我的同事 Pia 说,她和妹妹同家人只说西班牙语,两人私下却说英语。她们的妈妈经常因为她们不说西班牙语责骂她们。看到西班牙语对妈妈如此重要,她们便决定妈妈在的时候说西班牙语,妈妈不在的时候说英语。这样的小让步多多少少让大家都满意了。

有时新生儿的降临可能是一次重新开始的机会。在我们见到的一些家庭里,大孩子不太愿意说弱势语言,但当他们确信小宝宝只能听懂这门语言时,他们也开始改变。在第 5 章的案例中可以看到,大孩子并不愿跟父母说弱势语言,却愿意对小宝宝说,还会提醒其他人也要这样。

> 新生儿的降临可能是家庭回归弱势语言的契机。

五、扫除障碍

说了这么多关于培养积极主动、均衡发展的双语儿童的种种,显而易见,营造与强势语言大环境相抗衡的双语氛围的确要费一番苦心。宝宝们可不听什么大道理,他们听到什么语言就学什么语言,还会用这门语言跟你说话。这也是要尽早开始创造双语环境的原因之一,甚至可以在孩子出生之前就开始,这样孩子一出生,便会来到一个"双语之家"。这不是美梦,这是实实在在可以发生的。

晚些开始也可以,但难度更大。学步期的孩子很容易被说服,比如他们看了电视广告就非要去买那些商品,还念念不忘。如果"兜售"的东西色彩鲜艳、活泼有趣,而且是孩子可以和你一起互动完成的,你就可以利用它帮孩子学习语言。这个年龄段的孩子一般能明白有两种语言的存在，而且通常心里对跟谁该说哪种语言有非常严格的设定。

学龄前儿童面对的主要是单语世界，至少在美国是这样。很少有孩子从幼儿园回来问："妈妈，为什么班里只有我只会一门语言？"他们可能会问："为什么只有我会两门语言？"这时候你需要告诉他们这是因为他们很特别，还要让他们感受到这种特别，并为之自豪。这个年纪的孩子仍然把你视为他们的"宇宙中心"，但同时其他"星星"也在升起。

对再大些的孩子，挑战就更大了。你需要获取更多的家庭之外的资源，我们在下文中会讨论。

六、当孩子想放弃弱势语言时，你该怎么办？

无论用什么家庭培养策略，总有一段时间孩子会需要更多的鼓励才能坚持下去。他们会直接说："你说日语吧！"（或英语等其他强势语言），或者他们会拒绝用弱势语言交谈，你怎么提醒也不管用，而且他们拒绝的方式还可能多种多样，比如只说单个词回应你，或者默不作声。听到弱势语言，他们要么悄悄溜走，要么捂上耳朵，还会用另一种语言打断对话，开始新的话题。

家长在实施"双语计划"时都会遭遇这些普遍的"逆反行为"。我们要清楚，不管是使用"父母分工"策略、"家庭使用弱势语言"策略还是其他策略，弱势语言的地位都是不够稳固的。

> 无论用什么家庭培养策略，总有一段时间孩子会需要更多的鼓励才能坚持下去。

父母自身的行动

如果孩子开始频繁地使用"错误"的语言，父母应该首先反省自己，再努力去改变。当孩子使用"错误"语言的时候，你的回应方式错误地传达了你对孩子的期待。研究表明，孩子会根据父母无意间发出的这些信息来调整自己的语言行为。所谓水滴石穿，一个习惯的养成也是由点点滴滴积累而成的。

Elizabeth Lanza 是一名心理学家。她的两个孩子是挪威语—英语双语儿童。她提出了家长反应模式，也就是如何让孩子知道你想用单语模式进行对话，或是你可以接受双语模式（语码转换）。

Lanza将父母的回应分为五种，包括：1）表示没听懂用"错误"语言表达的内容；2）对孩子的部分表述进行提问；3）用"正确"的语言重复一遍，也可能让孩子重说一遍；4）不加评论，用自己的语言继续进行对话；5）随孩子的语言进行语码转换。

表7　父母的回应策略

1	2	3	4	5
我没听懂 （用弱势语言）	你说的是……吗？ （用弱势语言）	重复孩子的话 （用弱势语言）	不加评论，继续交流（用弱势语言）	随孩子进行语码转换，切换到强势语言

你要尽力避免引发"语言选择大战"（因为你必输无疑）。当然，你可以选择中断对话，明确要求孩子用你的语言继续交流。这时候，使用带有主语"我"的语句容易奏效，如"当你用我的语言回答我时，**我感觉真棒**"或"当你用我的语言说时，**我听得更明白了**"。相反，带有主语"你"的语句会适得其反，如"**你**应该跟我说俄语"或"外公来了，**你**要说英语"。

但多数情况下，父母最好还是尽可能委婉地表达要求，而不要中断对话。对话是提供和获取信息的过程，对某个词语的确认或者对含糊内容的询问都很正常，如："什么？""我没听清，再说一遍好吗？"在双语对话中，通常会用另一种语言提出重复一遍的要求。如果孩子习惯了跟父母说土耳其语，那么在对话过程中，他们一般就不会停下来去想对方的德语和土耳其语一样好这个事实。孩子们很自然地接受这种温柔的提醒，像表中第2种这样相对温和的提醒就可以了：如果孩子用德语说当天下午全班都去听音乐会了，父母可以用土耳其语问"去哪儿了？"。

如果你能通过这种委婉的提醒来转换孩子的语言，那就很不错了。你可以多尝试一下，有时候是会奏效的。如果还是不行，你也要坚持下去，至少自己要坚持一直说这种语言。我觉得这像音乐课一样，许多孩子在青少年时期因讨厌练琴而退出，长大后又反过来埋怨父母当时不让他们坚持下去。

> 父母最好委婉地表达使用弱势语言的要求，不要中断对话。

孩子的反抗一方面也侧面说明这门语言没有给孩子带来足够的益处。这时最好不要小题大做，而要分析形势，创造更多机会让孩子觉得成为双语者是很特别的，或者就直接表明你对他的期望。同时，你要马上找机会多夸奖孩子，最好当着别人的面："他两门语言都学得特别好！""他真的很有语言天赋！""我真为他会双语而感到骄傲！"家长要认真看待孩子对于使用弱势语言的反抗，但也要清楚，这并不意味着你的双语计划的终结。

寻求他人帮助

无论家长使用的是"父母分工"策略还是"家庭使用弱势语言"策略，借助外部力量学习弱势语言都是很重要的。比如，邀请只会讲弱势语言的人来家里做客，去说弱势语言的地方旅行，或借助学校，尤其是沉浸式双语学校的力量，效果会更好。几乎所有参与本书调查的受访者，特别是英美两国的父母，都会寻求单语者的帮助并借助一种或多种方法辅助孩子的家庭语言学习。

单语使用者

与单语使用者互动交流对学习语言、提高语言技能有很大帮助。与同双语者交流不同，与单语者交谈的语言是确定的。如果可能的话，我更倾向于找年长或年幼的单语者，而不找青少年单语者，因为前两者不会像后者那样主动学习强势语言。如果组织孩子一起玩儿，那么一开始就要为他们设定好用目标语言交流。我们发现，孩子都愿意参与有趣的活动，并不在乎用哪种语言。但如果让孩子们自己决定，即使说得不好，他们也大多会选择说强势语言。

家庭帮工

只要你开始积极寻找，要找到说弱势语言的人并不难——亲戚、朋友，或者讲目的语言的帮工都可以。这三类人里，家庭帮工可能是最不稳妥的。我不是说这种方法不可取，只是认为这不是长久之计，家长也最好不要只依赖这一个途径。大家对帮工的作用褒贬不一。相较于教孩子弱势语言，有的帮工更愿意自己多学点儿强势语言。我们的研究案例中，Chris 和 Ellen 的帮工一直只说弱势语言西班牙语,但四年下来,她也能听懂日常的英语了,所以孩子就觉得没有必要跟她说西班牙语了。

作者 Jane Merrill 女士提醒我们,不能因为帮工会说这门语言就想当然地认为他们能教好这门语言。几年来,Merrill 女士花了不少时间和精力对帮工进行培训,还设计了她称为"非正式课程"的活动让帮工带着孩子一起做。她会提醒帮工要在一下午的活动中安排户外玩耍、散步、阅读、写作或绘画,以及听歌、唱歌还有零食时间(当然要提前准备好需要的故事书、故事录音、歌曲等)。根据 Maria Montessori 的教育理论,Merrill 鼓励帮工让孩子们一起参与简单的家务,比如擦家具、清理水池等既能用到工具又可以看到成果的活儿。她认为这些活动可以帮助孩子调动情绪、集中注意力、增加词汇量。

总体来说,对于雇得起帮工的家庭,这种方式还是不错的,但这种方法不大可能贯穿孩子的整个成长过程,因此这只能作为多种策略中的一种。

祖辈、父辈和同辈亲人

许多家庭都提到了祖父母在培养双语儿童中的积极作用。谈到双语培养的动机时,许多家长也会说是为了让孩子能够与自己的父母及祖父母交流。

家有父母在,常返故乡里。祖父母自远方来访,也是一件乐事。他们至少会停留一个月,这虽然不足以使老人适应新的生活环境,但足够巩固孩子们的弱势语言了。祖父母对孙辈的健康成长总是寄予深情和关注,叔叔阿姨们也可以提供很多帮助。如果他们还未成家,就可以经常来家里与孩子们交流。如果他们已经结婚生子,还可以带上他们的孩子来玩儿。如果他们恰好来自说弱势语言的国家,那你的孩子就有了最好的语言老师——他们既是亲人,又是密友。

尽管这些方法都是短期的,但都会帮孩子意识到第二语言的价值。亲朋好友一两个月的来访,足以让孩子的语言更上一层楼,同时信心倍增。

来一场"语言"的旅行

即使没有亲友来访,旅行也可以起到类似的作用,为弱势语言提供更多的动机和机会。Jane Merrill 是《养育双语宝贝》(*Bringing up Baby Bilingual*)

一书的作者。她带着自己正学习法语的 5 岁双胞胎来到巴黎开始了为期一个月的旅行。Merrill 让孩子们也参与制订旅行计划，这样她能确保了解孩子们的兴趣所在。他们制订计划就用了好几个月，但孩子们并没有觉得这是额外的语言课程。对 Merrill 来说，做任何事都是有收获的，都可以成为语言学习的机会。

她提供的这份旅行计划非常有价值，既是和孩子们一起旅行的指南，又是"潜在语言课程"的详细规划。她劝告说："要去那些有人交流的地方，你们来国外可不是为了和树谈心。"一般来说散步的人或者坐公交车的人之间会有更多交流，因此要尽可能地多走路。挤在环法自行车赛的围观群众中，要比在罗浮宫漫步的气氛更热烈。在等待自行车选手们通过的几个小时里，孩子们和周围的运动迷们一起聊天，还同一位男士一起数不同颜色的运动衫，还逗别人的小狗。

Merrill 选择了一家位于巴黎市中心的小型二星级宾馆。里面的员工年纪轻，也不会说很多英语。她这样选择是因为顾客评价中有人提到了"员工很友好"。宾馆里还有一个欢迎儿童参加的沙龙社交活动。这成了她们房间以外的另一个交流场所。在这里人们不会威胁或恐吓孩子，反而会信任孩子，并交给他们一些小任务，比如去前台交个钥匙、要份报纸之类的。她选的这个地方离城市主要街道很近，周围人气很旺，附近还有一个公园。公园里的孩子可以成为双胞胎的玩伴。为了帮助孩子更好地融入新环境，给他们更多交流机会，她把孩子理发、买生活必需品这些事儿都安排在到巴黎之后。去理发店对孩子们来说是一次小冒险。她用奖励的办法鼓励孩子仔细观察理发店里的其他小朋友。此外，她还发现在小湖里玩模型帆船是当地很典型的休闲活动，所以尽管预算很紧张，她还是给孩子们买了一艘模型船。这也吸引了别的孩子一起来玩耍交谈。

她会尽可能地训练孩子处理日常生活事务的能力，然后再让孩子独立去做，比如去邮局寄信或者去面包店买面包。此外，鼓励孩子点菜也是一个非常好的方法。在服务员来之前，提前指导好他们要说的法语句子，以及如何应对服务员的问题等。当服务员来到餐桌旁后，她听到孩子跟他说法语，他自然也会用法语回应。

在法国时，Merrill 对孩子比在家更宽容。孩子们可以在客厅看电视，可以很晚才睡，还可以去吃一些在家吃不到的"好玩儿的食物"。她尽力控制好每天的节奏，多留出一些空闲时间。孩子们可以利用空歇的时间在宾馆里玩耍。他们把这一个月的旅途安排成了一个综合项目，其中还包括了绘画、摄影、听写故事等，来记录旅途中遇到的人和事。节俭也成了旅途中的游戏之一。Merrill 做出的所有决定都要考虑预算：每天 5 美元。Merrill 此次出国游的重点是，在保证安全的前提下让孩子们主导，虽然他们只有 5 岁。

学校

如果条件允许，让孩子进入具备优质语言教学项目的学校会对孩子的语言学习有很大帮助。虽然双语教学享有广泛的研究支持，但至少在美国这种教育倾向是相反的。美国的双语儿童家长需要为孩子的语言模式做好自己的规划，并不期待来自政府或学校的帮助。他们想要得到的是信心，希望学校可以辅助他们完成双语培养计划，而不希望学校对家庭的努力造成破坏。

在本书的研究中，我有幸收到了许多家长的来信。他们的孩子在美国马萨诸塞州、明尼苏达州、密歇根州、威斯康星州、俄勒冈州和佛罗里达州等地的双语学校里学习。一些受访者的孩子还去了拉丁美洲和亚洲的国际学校。这些都是非常成功的案例。

如果找不到以弱势语言教学的学校，家长可以通过游戏小组的方式给孩子创造社交圈，或家长们自己找一些支持者等等。举个例子，有位家长在《双语儿童家庭通讯》上看到了寻找伙伴的广告，还有人在网站上看到寻找多语家庭的广告。第 5 章我们还会介绍更多"锦囊妙计"，让第二语言学习变得更有趣，并真正走进你的家庭。

七、你的双语目标

我希望到目前为止，你已经感受到培养双语儿童是很正常、很自然，也是可以实现的一件事。但我想现在你也可能过于自信，尤其当英语正好是你的社区语言时。因此本章一开始我就介绍了关于双语家庭培养成功率的两项研究，作为给家长们的警示。

现在你一定会问，我期待什么？我需要什么？

下面这份自我评估表可以帮助你了解自己在双语培养方面有哪些优势，以及需要得到哪些帮助。请填写表8的各个部分，大体上左侧选项是优势，右侧选项是劣势。填好后你可以用表9来汇总你的优势和劣势。

在下一章中，你还可以通过类似表9这样的汇总表，找到和你情况相似的案例，并从他们的经历中汲取经验，更好地制订你自己的家庭双语计划。

表8 语言资源自我评估表

			家庭语言资源		
	母语者	单语者	双语者	非母语者	完全不懂
母亲					
父亲					
兄弟姐妹					
祖父母					
家庭帮工					
潜在访客					
其他					
	充足		很难得到		没有
纸质读物和媒体资源					
		家庭以外的语言资源			
日托机构	○有 ○无		和国外亲友的联系	○有 ○无	
小学	○有 ○无		语言露营活动	○有 ○无	
中学	○有 ○无		周末学校	○有 ○无	
邻居	○有 ○无		游戏组	○有 ○无	
孩子的朋友	○有 ○无		网络社交	○有 ○无	
家长的朋友	○有 ○无				
			旅游机会		
长期		经常		短期	暂时没有机会

续表

态度				
	情感投入	智力投入	中立	反对
母亲				
父亲				
祖父母				
专业人士				
社区				
信心				
认识成功培养双语儿童的人		听说过或读到过培养双语儿童的成功案例		认识尝试培养双语儿童但没有成功的人

表9 弱势语言资源汇总表

	优势	弱势
语言输入		
大家庭		
社区和学校		
印刷材料		
旅行机会		
态度和经历		
投入程度		
次级资源		

第 5 章
双语儿童家庭培养实例

在接下来的两章中,你不仅可以看到我们的家庭培养策略是如何付诸实践的,还会见到本研究涉及的 100 多个家庭中的 29 个真实案例。他们来自世界各地,从纽约到上海,以及这两个城市之间的许多地方。这些家庭要么是家长已经培养出双语儿童,要么是孩子正自己成长为双语儿童;其中大多数家长正在进行这项双语培养计划,不过也有一两个是曾经认真考虑过但最后没有付诸实践的。我将按照以下分类,也就是第 4 章讲到的双语家庭培养策略,依次讲述这些家庭的故事。

- "父母分工"策略(OPOL):
  - 跨国夫妇:案例 1-2
  - 目的语非本族语夫妇:案例 3-6
- "家庭使用弱势语言"策略(mL@H):案例 7-8
- "因时因地"策略(T&P):
  - 偶成双语者:案例 9-14
  - 多策略结合:案例 15-16
  - 多种双语学校选择:案例 17-20

在所有这些案例中,我都努力了解每个家庭的具体情况和家长的态度，也引用了一些他们家中发生的小趣事以飨读者。这些个例并不能给大家一个完美的双语儿童的形象概念，毕竟每个家庭都有各自不同的目标，最终达到的成效也不同。这些家长和孩子为了增加第二语言输入量，为了培养对双语的积极态度采取了不同的日常策略。选取这些故事是为了让大家了解这些具体做法。在了解这些案例的过程中，你可以思考是哪些因素使双语儿童的培养变得更容易或者更艰难了。你能猜出这些家长后来都是怎么做的吗？在读了他们的故事之后，你能判断哪些情况下他们可以做出更好的选择吗？在讲述完这些故事之后，我会总结归纳，并从这些家长以及其他没有被收录进来的家庭那里收集更多技巧和策略分享给大家。

一、选择你的策略

下面你会看到多种"经过验证"的培养双语儿童的方法,这些经验都是值得借鉴的。但是,这并不代表你不能自由发挥。个人的语言"政策"的选择权完全在你自己手里。你可能会得到家人和朋友的鼓励,但是绝没有什么神奇公式是可以直接拿来用的。

儿童的语言能力具有惊人的灵活度,并且一直处于动态发展中,会随着时间推移和境况的改变而改变。正如"枝弯则树曲",早期的细微变化造成的影响会大于后期显著变化带来的结果。所以,我们关注家长对于婴幼儿的培养策略,即当孩子还在"嫩枝"阶段的时候家长对子女双语发展所施加的影响。我们在研究中看到:

- 策略的选择没有单一的标准,不同的培养机制适合不同情况的家庭;
- 培养方法不是一成不变的,成长中的双语者可能随时改变培养的进程和方法,而且事实上也的确如此。

你将看到的这 29 个家庭把多语融入了他们的日常生活中,因此孩子们在成长中学到了一种以上的语言。我并不想弱化家长的成就,但是必须指出,这些孩子都是普通人。大多数家长是双语者,但也不全是。一小部分人生活在有双语学校的社区,但是大多数没有。少数孩子会有特殊需求,但多是按常规模式成长。我接触过的这些家长都决定要匀出一些精力到孩子的多语培养上。他们在其他育儿方面和单语家庭做得差不多,只不过在此过程中他们使用了多种语言。孩子并没有上"语言课",只是在父母提供的"双语生活课"中潜移默化地发展着语言能力。如果家庭的"双语生活课"安排得既随意又有趣,且配合着学校课程,那么家庭双语培养会更有成效。

正如我们将看到的,所有这些家庭都高度赞同让孩子习得两种语言,因为这对孩子益处多多。他们遵循了以下三个基本原则,确保孩子有足够的机会输入语言并愿意说这种语言。

这当中并没有什么奥秘。有经验的语言使用者必须做到:

- 跟孩子用特定的语言说话;
- 当孩子尝试说话的时候要耐心倾听;

> 儿童的语言能力具有惊人的灵活度,并且一直处于动态发展中,会随着时间推移和境况的改变而改变。

> 三原则:
> - 特定语言
> - 耐心倾听
> - 日常使用制度

同时，家庭成员要做到：

- 建立每种语言的日常使用制度（如第4章中讲到的家庭策略），这样开口前就知道什么时候该用什么语言，不用每次转换的时候再商量。（同时我也注意到有些经验丰富的双语者并不遵从这条规则。有些社区使用自由的双语模式，无须提前规定何人在何时何地何种情境说何种语言，迈阿密和新加坡等地就是如此。我确信在这样真正的双语社会里，孩子们能通过这种方式学会双语，因为周围的人都是这样双语转换，孩子们平时听到的也是这种语言模式。但是，语言迁移在世界任何角落都一直在进行着，不管是发达国家还是发展中国家。因此我给出一条重要的建议：家长要更积极地建立家庭的日常语言使用制度。）

以上三个原则运用到每个家庭里会有成百上千个不同的组合情况，而这29个家庭故事只是其中的一小部分。我计算了一下，如果我们仅选取家庭中可能存在的10个变量，类似第4章末尾表格列出的那些，然后标出"是/否"，比如"爸爸是否讲弱势语言""妈妈是否讲弱势语言""是否有适合儿童的双语印刷读物""是否有可行的旅行机会来培养语言"等等的这些变量，那么就会有2^{10}，也就是1,024种不同的情况。虽然29个案例从数量上来说远远不够，但是这里选的家庭案例都是比较典型的，我相信它们会给各种情况的家庭带来帮助。

二、经典模式——"父母分工"策略

下面要介绍的两个案例采用的是**经典的"父母分工"策略**，即跨国夫妇对孩子分别讲自己的母语。

案例研究	家长姓名	居住地
案例1	Rosalie 和 John-Paul	瑞士
案例2	Mihoko 夫妇	中国香港

请注意，以下每个案例开头列出的语言种类都是按习得顺序排列的。加着重号表示这位家长只用这种语言和孩子交流。另外，每个故事之前的表格汇总了这个家庭双语培养的优势和劣势。

案例 1：Rosalie 和 John-Paul——瑞士多语环境下的"父母分工"策略典型案例

母亲：意大利语、英语、法语（晚期学习者）

父亲：法语/德语（婴儿期双语者）、英语

父母间交流：英语

社区：法语（多语环境）

学校：法语

孩子：法语、意大利语

案例 1：	优势	劣势
语言输入	母亲是弱势语言（意大利语）的母语者；后期学习强势语言	父亲不懂弱势语言
大家庭	其他亲属居住在 5 小时内车程的距离；每年拜访亲戚 3～4 次	
社区	基本都是多语使用者；附近居住着一些意大利人	学校不教意大利语
印刷读物	资源充足；有流行文化人物形象	
旅行机会	很多	
态度和经历	父母对培养双语儿童都持积极态度；父亲是童年双语者	
投入程度	情感和智力方面都有投入	

对于 Rosalie 和丈夫 John-Paul 来说，选择"父母分工"策略是自然而然的事情，因为他们俩都是三语使用者。Rosalie 的母语是意大利语，而 John-Paul 最擅长的语言是法语。当他们的第一个宝宝 Lucas 出生的时候，他们住在美国，彼此交流用的是英语，但他们决定要对宝宝说各自的母语。Rosalie 说："我们俩一开始就认同这一点，觉得不管住在哪个国家，都要让宝宝能够理解父母的母语。"因此，Lucas 从妈妈那儿听到的是意大利语，从爸爸那儿听到的是法语，还有从妹妹们、邻居们、以及父母之间对话中听来的零星的英语。

他们在 Lucas 10 岁的时候搬到了瑞士，因此社区语言变成了法语。这也意味着 35 岁的 Rosalie 必须快速学会法语，但她依然坚持跟儿子 Lucas 和小女儿 Marina 说意大利语。她总是更倾向和宝宝们或小孩儿说意大利语。她说：

"我没觉得这是一个深思熟虑的决定,我只是做不到用其他语言和我的孩子说话。"

John-Paul为了帮助Rosalie学法语,决定大部分时间使用法语和妻子交流,把英语作为他们的"私密语言"。因此孩子从父母双方那里分别输入意大利语和法语,同时又在家庭以外的环境中接触更多的法语。孩子们现在一个10岁、一个8岁,他们之间交流时更愿意使用法语。Rosalie对孩子目前的意大利语水平感到满意:"我的孩子可以跟意大利的亲人自如交流,能看懂意大利语的电视节目,还知道一些意大利的歌曲和游戏。"他们还阅读故事书,认识里面的人物,如 La Pimpa 等。孩子们知道意大利语很特别,并不是每个生活在瑞士的人都会的,因此他们有时候会让最好的朋友加入他们的对话,说几个意大利语的词汇,感觉像是他们之间的一个密码游戏。

难点:这个家庭也经历了一些在别的双语家庭看来很困难的事情,不过他们自己觉得没什么大不了的。大儿子 Lucas,出生的第一年是英语、法语和意大利语三语者。虽然他很早就能听懂这三门语言,但在两岁之前每门语言只能说很少的几个单词。另一个问题是两个孩子都曾经把几种语言弄混,而且比一般的语言混淆情况要严重,因为意大利语和法语非常接近。不过这也成了他们家一个欢乐的源泉,而且孩子们发明的词汇有的现在都成了这家人的独门密语了。Rosalie还说,由于她自己也是成年后才学会法语的,因此对她来说给孩子辅导功课很难(Rosalie和孩子是否用意大利语交流对此没有太大影响),也因为这样,她的丈夫接替了这项任务。

辅助因素:整体而言,母亲 Rosalie 认为要保持两种语言并不困难。孩子们也从未感觉在语言选择上有压力。他们觉得童年双语是由所居住的多语环境造就的。孩子班上的一些同学也是双语者。父亲 John-Paul 从小是法德双语者,所以他们夫妻从他的经历中明白当孩子入校后要格外注意语言问题。在进入法语学校之前,两个孩子都在说法语的日托班里待了好几年,已经是以法语为主导语言了。他们住的地方离意大利也近,可以每年去 Rosalie 的家乡走亲访友三四次,而且他们在瑞士居住的地区也生活着很多意大利人。有一天 Lucas 感到有些奇怪,便用法语问妈妈:"为什么你跟别人都说法语,就跟我说意大利语呢?"Lucas 逐渐接受了妈妈的解释:"因为意大利语是妈妈家庭的母语,妈妈希望儿子可以了解这门语言。"Lucas 的这个困惑也就到此为止了,他也没有试着让妈妈转换成法语和他交流。

案例 2:Mihoko 夫妇——香港多语环境下的"父母分工"策略

母亲:日语、英语、粤语

父亲:粤语、英语

父母间交流:英语

社区:粤语、英语,学校里使用汉语普通话

孩子:粤语、日语、英语、一些普通话

案例 2	优势	劣势
语言输入	母亲是弱势语言的母语者;母亲精通三语;父亲会双语(后期学习英语)	
大家庭	外祖父母住得不远,夏天可以同住	
社区	居住在双语地区;在双语学校上学;多语者很常见;暑假可以去日语学校	
印刷读物	有(有日语图书馆)	孩子小的时候接触不到太多的普通话读物;在日语写作方面关注较少
旅行机会	多次去日本	
态度和经历	父母双方都很积极	
投入程度	很强的情感及智力投入	

与瑞士相似,香港的国际化程度也很高,其官方语言是粤语和英语,对 Mihoko 夫妇培养双语或三语儿童是不错的选择。Mihoko 是日本人,她的父母依然在日本生活,而她丈夫是中国香港人。这个家庭利用自身的语言资源实施着"父母分工"策略,同时还为孩子们找到了适合各个语言发展阶段的多种教育选择。18 岁的 Charles 和 15 岁的 Reiko 现在已经可以自如地使用粤语、日语和英语了,而且他们还在学校学了第四种语言——汉语普通话。Mihoko 认为孩子们可以随时随地学到粤语和英语,毕竟这两种是香港的官方语言,而且这里许多学生会去中英双语学校学习。她非常希望孩子们学好日语,因

为她不想用孩子们说得比她好的语言和孩子们交流，另外她也希望孩子们可以用日语和外祖父母交流。

他们家里共使用三种语言。父母之间说英语，Mihoko 和孩子们说日语，爸爸和孩子们说粤语。一家人都在的时候，他们都说粤语。孩子们的母语一开始是日语，他们还很小的时候 Mihoko 一直全职在家，他们还经常趁暑假回日本和外祖父母住上一个月。孩子们觉得自己会说日语是非常值得骄傲的，他们经常因为在公共场合说日语引来很多关注。对日本卡通动漫（《神奇宝贝》《七龙珠》《高达》等）的喜爱使他们在家里说日语的主动性更强了。在他们的朋友圈里，他俩是随叫随到的日语翻译，经常帮大家翻译电子设备和电子游戏里的日语指令。他们成了日本游戏软件的专家。Mihoko 说："我从没强迫他们学习写日语，但是现在他们至少能用日语给外公外婆写信了。"

Mihoko 家的儿童语言培养计划从社区得到了很多帮助。香港有许多不同种类的学校可以选择。他们还通过请家教和旅行等方式辅助学校教学。孩子们开始上全日制粤语幼儿园的时候还是以日语为强势语言的。之后他们上了粤语小学，学会了粤语，后来粤语就成了他们的强势语言。这期间他们还开始学习英语，学校每周有 45 分钟的英语课。Mihoko 夫妇还雇了美国交换生教孩子英语。上小学时（7～12 岁），每年暑假，孩子们会在香港参加为期一个月的日语培训。他们的日语水平已经完全可以进入日语学校的常规班级了。他们还可以利用学校图书馆读日语书，还可以参加课后活动。

Mihoko 说，香港 70% 的高中都是中英双语教学（也有用其他欧洲语言教学的学校）。典型的中英双语学校里，基本教学语言是英语，而中文、数学和一些科学类科目用粤语教学。普通话作为中国大陆最常用的语言，在孩子小的时候使用率还是很低的，但是随着政治经济形势的变化，普通话的地位逐渐提高。Mihoko 的大儿子在高中时学习了普通话，他能用普通话简单交流，但是不够流利。家人在给小女儿 Reiko 选择学校时看中了这所学校的历史、地理、中文、艺术课程都用普通话来教，所以 Reiko 的普通话比哥哥好。

总之，Mihoko 和丈夫并没觉得培养三语儿童是件困难的事情，因为周围有很多会多语的人群和活动场所能提供支持，还有很多好的学校可以选择。

他们也接受三语之间各有强弱的事实。他们让孩子学日语的目标就是具备基本的交流能力以便和日本的大家庭联系，而中文和英文的学习目标是培养孩子的学术语言能力，孩子们也都做到了。

案例 1、2 小结：这两个家庭是非常典型的教科书式的"父母分工"策略的案例。当然我们可能会说，这个策略他们执行得很好，因为他们就生活在多语的环境中，而且双语的历史、文化、艺术和音乐的丰富资源在他们生活中唾手可得。那么假设他们生活在中国的某个地方，儿童双语培养并不普遍，而且周围也几乎没有双语或三语的家庭可以联系和效仿，这种情况下他们还会这么成功地培养出多语儿童来吗？如果他们家庭中没有目的语言的母语者，他们会成功吗？接下来我们会看到案例3~6。这些家庭相对而言拥有的自然优势要少一些，但是，他们仍然能够采取措施为孩子的双语学习创造机会，为使用第二语言创造机会，让孩子跟双语培养做得好的家庭一起互动。

三、"父母分工"策略之"选择性双语"模式

当一个人选择说一门属于非社区语言的外语时，这种情况通常被称为"人造双语""非母语双语"或"选择性双语"。这种做法或许不那么广为人知，但还是有不少案例告诉我们这是可行的。

案例研究	家长姓名	居住地
案例 3	George Saunders（已发表案例）	澳大利亚
案例 4	诗露夫妇	中国上海
案例 5	Bryan 和 Elizabeth	美国宾夕法尼亚州中部
案例 6	Rosemary 夫妇	美国纽约州奥尔巴尼市

案例 3：George Saunders——英语家庭里的德语（已发表案例）

母亲：英语，一些德语
父亲：英语、德语（第二语言）
父母间交流：英语
社区：英语
孩子：英语、德语

案例 3	优势	劣势
语言输入	母亲也懂弱势语言德语	德语是父亲的第二语言，不是母语
大家庭		没有其他家庭成员说德语
社区	父亲用短波广播与德语母语者保持联系（在因特网出现之前！）	高中之前未接受过德语教学；居住地没有多少说德语的人；社区里很少有多语者
印刷读物	有，但需要费一番功夫去找	
态度和经历	父母双方都持积极态度	
投入程度	父母双方都有高度的情感和智力投入	

George Saunders 的案例是非常典型的"选择性双语"例子，曾被详细记录下来。George Saunders 是一位居住在澳大利亚的德语教师，他培养了三名德英双语儿童。他的母语是英语，大学时在德国学习过德语语言学。他的妻子也在德国短期居住过，但是使用德语没有丈夫自如。Saunders 先生在二十世纪八十年代出版了两本书，详细记录了他们家庭的双语历程。这两本书现在读起来还是饶有趣味。他介绍说，他的初衷是希望通过培养孩子来帮助自己保持德语水平，一方面他非常喜欢说德语，另一方面他也想将来某一天能回到德国。他希望保持德语水平至少让自己的愿望还有可能实现。他的妻子也学过德语，但她对自己作为孩子"英语家长"的任务分配还是很满意的。实际上，这样安排也是非常有效的，因为她听得懂德语，不会在父子对话的时候被孤立在外。十年之后他们一家人最终实现德国之行的时候，她真的非常开心。

双语培养对 Saunders 来说也是一次实验。作为 Joshua Fishman（逆转语言迁移研究的国际专家）的忠实读者，他意识到，很多语言的未来命运都取决于人们将多语传递给下一代的方式。那些使用者甚少的语言会濒临灭绝，除非非母语使用者能将下一代培养为这种语言的母语使用者。不过一般大家不会考虑这种解决途径，因为对单个家庭来说是不太可行的，所以 Saunders 想看看这种实践到底有多难。（他也做好了准备，一旦孩子表现出任何负面影响，他就停止这项计划。）不过令他欣喜的是，孩子们表现得很好，他也如自己预期的那样，非常享受整个过程。

Saunders 的方法无异于母语使用者的方法。他设定在日常生活中使用德语。我认为,他是一个非常用心又卖力的家长,并且确实非常喜欢陪孩子一起玩儿,而且他可能付出了比一般父亲更多的时间和孩子玩儿"捉迷藏"等游戏,这些都是有帮助的。本书中选用的许多从 Saunders 的录音中誊写下来的小对话反映了父子之间充满爱意的给予与获得的关系。我们很容易理解这样的道理:孩子希望让父亲高兴,所以会说父亲偏爱的这门语言。Saunders 引领孩子说德语,鼓励孩子说德语,但从来没有强迫他们。孩子们也表达过他们很喜欢这样的安排。这些年里的很多对话都能看出孩子觉得跟父亲说德语是一件非常自然的事,如果父亲开口说英语反而变得很奇怪。他曾用德语问过他的二儿子:"如果我跟你说英语,你会怎么做?"孩子毫不犹豫地回答说:"我会跟你说德语。"

Saunders 的书里针对二语使用者家长可能遇到的特殊问题给出了实用的建议。比如,当需要用到一个生词时,大家可能会同意先用解释的办法去表达,然后再查字典或者去问母语者。如果有必要的话,Saunders 会有意识地使用教学策略去纠正错误用词。他也会注意观察孩子在德语方面的进步,并在游戏的氛围中进行测试。他经常会用录音机录下整个测试过程。使用同样策略的家长并不需要像 Saunders 那么注重对学习效果的测试,但是当知道孩子的母语超过平均水平,而第二语言也达到预期程度时,家长还是会深受鼓舞并感到振奋的。

下面几个例子来自英语为第二语言的中国家庭。与 Saunders 相似,案例 4 中的诗露(音译)讲述了她使用"选择性双语"模式的成功经验。

案例 4:诗露——上海的"Saunders"

母亲:汉语、英语

父亲:汉语

父母间交流:汉语

社区:有很多中英(及其他语言)的多语使用者

学校:国际学校,普通话教学,学校里有很多双语儿童

孩子:汉语、英语

案例 4	优势	劣势
语言输入	母亲精通英语；就读双语国际学校	
大家庭		
社区	英语极受重视；对培养双语儿童有很高的期待	
印刷读物	可以得到目的语书籍、学习材料和媒体资源	
旅行机会	未提及	
态度和经历	母亲积极为孩子创造双语环境；孩子对双语学习的态度也很积极	
投入程度	投入量大（父亲也很配合）	

跟大多数希望母语和英语一同习得的同伴相比，玉韬（音译）比他们都要幸运，因为她的妈妈诗露是一名同声传译员，也是应用语言学方向的大学研究人员。她致力于将孩子培养成双语儿童。玉韬4岁半之前，妈妈基本用英语和她交流，但生活中其他人仍然和她说汉语，因此玉韬完全沉浸在中英双语环境中。从蹒跚学步开始，玉韬似乎自然就明白谁该用哪种语言和她说话，她也会选择相应的语言回应。她可以用两种语言思考并做出回应，但是她妈妈也说："当然有时候中文的反应会更快更轻松，因为平时中文的输入更多更自然。"

玉韬上完幼儿园后，进入了上海一所国际学校读小学。她班级里多数同学都来自双语家庭。她妈妈说："到这儿以后，明显能看到她的语言发展日新月异。"

玉韬的优势在于不仅有家庭的英语输入，而且有多数同学的双语家庭做示范。我们深信，玉韬会继续加强自己的双语能力，而且成人之后依然是双语使用者。（不过如果她也决定成为同声传译员，我们还是会觉得惊讶的。）

案例 5：Bryan 和 Elizabeth——学习父亲的继承语

我还遇到过一些非母语的二语使用者，他们和孩子用第二语言交流的目的更加朴素，只是希望孩子最终能够使用另一门语言而已，现阶段只要达到理解的程度就可以了。他们会在家里使用第二语言，从而帮助孩子更好地成长为世界公民,让孩子对其他的语言和文化有更多的了解和更高的敏感度。他们中很多人都像 Saunders 那样,对这门第二语言有着特殊的情结,但是与 Saunders 不同的是,"成功培养双语儿童"并不意味着要从儿童时期就成为主动的双语者。

母亲:英语、一些西班牙语

父亲:英语、西班牙语(晚期学习者)

父母间交流:英语,一些西班牙语

社区:英语

孩子:英语,一些西班牙语

案例 5	优势	劣势
语言输入		父母的母语都不是西班牙语
大家庭		家庭其他成员是加泰罗尼亚语使用者,不愿用西班牙语
社区		没有西班牙语教学的学校
印刷读物	有	
态度和经验	父母都持积极态度	
投入程度	父亲有情感投入;母亲有高度的智力投入	

尽管 Bryan 并不是在自己那个全英语环境的家里学会西班牙语的,但是在 Bryan 看来,跟孩子说西班牙语是重温他父亲精神遗产的一种方式。成长过程中,他在暑假去过父亲位于巴塞罗那附近的家乡好多次,但是他说那几次对他学习西班牙语一点帮助也没有。那个地区太偏僻了,也没有同龄的兄弟姐妹,再加上周围人都能跟他用英语交流(除了一位和他相处比较久、什么语言都说不好的老农民),所以 Bryan 不会加泰罗尼亚语对他们交流也没什么影响。此外,所有亲戚都会加泰罗尼亚语和西班牙语两种语言,但他们更愿意说加泰罗尼亚语。虽然说西班牙语对 Bryan 在美国生活更有益处,但亲戚们仍然不想用西班牙语跟他交流,也不想教他西班牙语。因此,Bryan 的西班牙语都是在学校里学的。

Bryan 真希望自己儿时就能成为双语者,他和妻子 Elizabeth 也希望尽可能地帮助他们的孩子成为双语儿童。他们的大儿子 Edward 在西班牙出生，保姆是说加泰罗尼亚语的，所以 Edward 一开始学的几个词都是加泰罗尼亚语。Edward 一周岁左右的时候他们回到了美国，经过深思熟虑，他们决定在家里大家只用西班牙语交流。他们还雇了一个墨西哥帮工，与帮工之间也都用西班牙语对话。

Bryan 和妻子目前生活在宾夕法尼亚州中部的一座小型大学城里。这里推崇使用多种语言，有一些跨国婚姻家庭的孩子也在学习双语，但是方圆几里内仍然没有双语学校。Bryan 一家尽可能地在家用西班牙语交流，同时他们还努力将早期外语教学引入校园。我第一次见到 Bryan 的时候，他正在组织几个家庭的孩子一起出游。他和整个团队讲话的时候用英语，但是和自己孩子说话的时候仍然用西班牙语。孩子们可以听懂爸爸的话，也明白这门语言对爸爸来说很重要，但是他们西班牙语的输入量远没达到真正掌握这门语言的程度。

案例 6：Rosemary 夫妇——跨国领养

培养双语儿童的另一个愈发常见的原因是跨国领养。如果是领养本国出生的孩子，很多家长也许并不会考虑对孩子进行双语培养，但是在领养外国孩子的时候，他们都感到有责任让这些国外出生的孩子学会他们的本族语言，从而与其原本的国家和文化保持联系。

母亲：英语、西班牙语（晚期学习者）

父亲：英语

父母间交流：英语

社区：英语

孩子：英语、西班牙语

案例 6	优势	劣势
语言输入		母亲的母语不是西班牙语
大家庭	（最终孩子会被认为是拉丁裔）	
社区	社区中另一个家庭有个领养的女儿也说西班牙语；邮件群；一些朋友会提供帮助，和他们用西班牙语交流；小学有西班牙语课程	

续表

案例 6	优势	劣势
印刷读物	有	
旅行机会	每年暑假去危地马拉	
态度和经验	父母双方都持积极态度	
投入程度	父母都有很多智力投入	

用 Rosemary 的话说："我们希望女儿（从危地马拉领养）能够有一个拉丁裔的身份，能和其他拉丁美洲的人交流联系。"她和丈夫都希望 Caridad 能和她自己祖国的人交流，甚至有一天能和她的亲生父母联系。

Rosemary 从第一天在危地马拉见到 Caridad 起就一直只和她说西班牙语。Rosemary 的父母曾提醒她，这样有可能导致孩子的英语说得不够好。可她认为这不会成为问题，最终事实也证明她是对的。虽然 Rosemary 的西班牙语很流利，但由于她不是西班牙语母语者，所以一开始她很担心会把语法错误传给孩子，或者在交流过程中出现词汇量不够的问题。她不仅在掌上电脑安装了一个西英词典来解决"词穷"的问题，还想办法保证 Caridad 能够接触到其他西班牙语资源。同时，他们与另一个领养家庭联谊。那个家庭领养的孩子也说西班牙语，年龄比 Caridad 大一些。除此之外，Caridad 从小学一年级开始就学习西班牙语课程，而且他们一家还会每年去危地马拉旅行一次。

Rosemary 还集结了一个后援团。她曾跟一位讲双语的朋友说了自己的计划。那个朋友是第一个给她鼓励的人："说做就做！"之后，Rosemary 还读了一本关于双语家庭的书籍，找到了他们的网站，还加入了一个邮件群，里面都是用非母语和孩子交流的家长。

Caridad 13 岁的时候，英语是其强势语言。事实上，她很少用西班牙语回复 Rosemary，但她听得懂西班牙语，并能和西班牙语使用者交流。当她不想让别人听懂说话内容的时候她也会转换成西班牙语。Caridad 和妈妈都喜欢拉丁音乐，一直互相推荐喜欢的歌曲。慢慢地随着 Caridad 长大，她比妈妈会唱的歌多了。整体而言，Rosemary 认为，培养双语儿童比她想象的要更容易一些，之前她没想到自己可以坚持这么久。

四、"家庭使用弱势语言"策略

在欧洲和加拿大,大多数人觉得"父母分工"策略能达到令人满意的效果。比如魁北克地区(此处英语是弱势语言),法语在这里虽然强势,然而由于英语毋庸置疑的国际地位、英语在加拿大其他地区的主流地位,以及加拿大与美国的紧密联系等种种原因,都使得英语在此绝对不会黯然失色。我们在第 4 章中已经提到,在强势语言盛行的地方(比如美国的强势语言是英语,中国有些地方的强势语言是当地方言),家长需要付出更多的努力,给孩子更多的输入才能习得弱势语言。换句话说,对中国的孩子来说,学习中文之外的语言比学中文花的时间要相对更长。为了让弱势语言输入量更多,很多家庭决定在家里只用这门语言,因此孩子从父母两个人那里听到的是弱势语言,而不是像使用"父母分工"策略的家庭那样,只有一个人讲这种语言。"家庭使用弱势语言"策略基本上可以分为两个层次:

- 家庭以外使用强势语言:有些父母在家的时候说弱势语言,一旦外出就只说社区语言。就像社会科学家兼语言学家 Einar Haugen 曾说,他家的门槛成了他从英语转换成挪威语的信号。
- 弱势语言全浸式:其他家庭则不论何时何地,都用弱势语言和家庭成员对话(除非是有不懂这种语言的人在场)。

案例	姓名	居住地
案例 7	Olga(孩子)	美国佛罗里达州坦帕市
案例 8	雪和海鹰(音译,家长)	美国马萨诸塞州

案例 7:Olga 的双语童年

母亲:西班牙语、英语(晚期学习者)
父亲:西班牙语、英语(晚期学习者)
父母间交流:西班牙语
社区:英语(西班牙语)
孩子:西班牙语、英语

案例 7	优势	劣势
语言输入	父母都是双语者，都在十几岁开始学习英语	
大家庭	8 岁前祖父母一直和他们同住，之后搬到了附近	
社区	社区里有很多人都积极地讲西班牙语	没有用西班牙语教学的双语学校；西班牙培训班的课程内容对孩子来说太简单，可以免修；在高中的时候才上西班牙语课
印刷读物	有，而且电视上时常有西班牙语节目	
旅行机会	没有	
态度和经历	父母都持积极态度	
投入程度	很多感情投入，对双语培养从未动摇；很多智力投入	

Olga 是完全的"平衡双语者"，也就是说她的英语和西班牙语一样好，两门语言的读写能力都达到同等水平。她儿时在美国坦帕市的日常生活中接触到的西班牙语比现在多。现在她一个人住在美国，但在 8 岁之前，祖父母跟她们一家住在一起。在家里大家都只说西班牙语，也从没正式讨论过这个问题，大家都觉得就应该这样。Olga 父母从未教过她英语，但是据他们说，她"从邻居们那儿学到了这门语言"。因此她上学后进的是正常的班级，并不是以英语作为第二语言的教学项目。

与小 6 岁的妹妹 Maria 相比，Olga 幼儿时期语言输入的重要性不言而喻。在西班牙语学习方面 Maria 就比 Olga 艰难得多。她们父母相同，听到的语言也相同，所以关键的差异就在于祖父母是否和她们同住。在 Olga 8 岁、Maria 2 岁那年，祖父母搬到了同一条街的另一栋房子里。随着孩子们渐渐长大，父母说英语更多了。他们在美国待得越久，似乎越不可能回到古巴。最终英语成了 Olga 的强势语言（她也不知道什么时候转变的），她和妹妹一般都说英语，但仍然会说很多西班牙语。现在，西班牙语在 Olga 生活中的作用不及英语，但是她非常享受能够流利使用这门语言给她带来的甜头，比如她跟祖父母用西班牙语联系，在班级里担任教师家长联系人，还作为国际研究项目里西班牙语的联络员。她妹妹成年后西班牙语也说得很好,因此儿时的语言接触为长大后提高语言能力打下了坚实的基础。

案例 8:雪和海鹰——在美国学习中文,在家和学校都使用中文

母亲:汉语普通话、在学校学过英语

父亲:汉语普通话、在学校学过英语

父母间交流:多为普通话

社区:英语

学校:汉语沉浸式教学

孩子:与其他孩子在一起通常使用英语;与父母主要使用汉语,偶尔使用英语

案例 8	优势	劣势
语言输入	父母都是弱势语言的母语者;强势语言的晚期学习者	身边说汉语的人不多
大家庭	每年回中国探亲一次	回国的费用很高,所以次数较少
社区	弱势语言的沉浸式教学	小学以后没有学校使用汉语教学
印刷读物	能接触到大量中文读物;每周和国内亲友用 Skype 通话大约 30 分钟	
旅行机会		很难让亲友到美国来,因为申请签证很困难
态度和经历	父母都对孩子的汉语学习持积极态度,但是并未全力以赴	父母没有意识到自己在儿童语言培养上应起到积极作用
投入程度	中等	当孩子对他们说英语的时候,他们也用英语回应

尽管世界上说英语和汉语的人最多,但如果不生活在说这两种语言的国家里,想学会还是颇为困难的。雪和海鹰与案例 16 中的父母丽丽和栋正相反,后者竭尽所能使用多种策略来确保他们的孩子会说且愿意说中文。

雪和海鹰的孩子正在学汉语,但年幼的儿子对此并不热衷。这对父母对孩子的语言学习并没有什么计划。在孩子出生之前,他们从来没有讨论过孩子将来的语言选择问题。其实,他们觉得孩子的语言不会成为问题。他们都是在中国读书的时候学了一些基础的英语,后来到美国读研究生。他们在一起的时候基本都说汉语,因为觉得彼此间说英语很奇怪。另外,他们和国内亲人大约每周通话一次。

他们的两个孩子都出生在美国。大儿子 Rory 3 岁时开始上学前班,也是在这一年他的弟弟出生了。Rory 在学前班里开始学习英语,在班上也认识了一些说英语的小孩。他们在平时生活中也有来往,经常会在一起玩儿。上小学之后,他的汉语和英语发展都很正常。如今他在一所汉语沉浸式学校读书,并且开始学习汉字的阅读和书写。Rory 的弟弟 Jin 是在 1 岁的时候开始读英语幼儿园的。当时 Jin 正好处于"单词期"。在此之后,在幼儿园的英语环境下,他的英语水平开始大幅提高,同时中文稍有退步。如今他已经 3 岁了,不过仍要再等两年才能去汉语沉浸式学校读书。与此同时,他的英语正在快速发展——他和哥哥 Rory 以及朋友在一起的时候都说英语。据他们的母亲讲,她和两个孩子说话的时候会用汉语,他们都能听明白,不过不太喜欢用汉语回应她。在课余时间,两个小男孩儿对于学习中文阅读都不是很积极,父母也觉得很难让孩子们保持对汉语的兴趣。不过,他们还是觉得很幸运,因为毕竟孩子还可以上当地这所汉语学校。

五、"因时因地"策略——偶成双语者

我接触过的"平衡双语者"里有相当一部分人的两种语言都达到了很高水平,而且一般都是因为家庭从一个国家搬到了另一个国家,之后又搬回来。这种情况要么是因为家长们的工作变动,要么只是在国外居住几年。这期间,孩子们并没做什么特别的事情,只不过是陪着父母而已。正如一名会说荷兰语和英语的女孩儿说的那样:"人们都觉得我会说两种语言真是太棒了,但这其实不是我的功劳,主要是源于我的成长经历。"不过,她和下文案例中的其他人一样,不管是自学还是家庭因素,最终两种语言都达到了很高的水平。

案例	孩子姓名	居住地
案例 9	Isabel	意大利
案例 10	Carmen	美国、波多黎各
案例 11	Gretchen	加拿大魁北克
案例 12	Leah 和 Eva	以色列、美国匹兹堡
案例 13	Joe Spelke(已发表案例)	美国、法国
案例 14	Rachel	以色列、美国

案例 9：Isabel

Isabel 5 岁时母亲（美国人）去世。几年后她随父亲搬到了父亲的祖国意大利。尽管小时候跟父亲学了一些意大利语，但进入小学四年级学习时，她的水平还无法跟上那些从小一直讲意大利语的孩子。她回忆说，自己花了 6 周时间才逐渐适应，而且那是她"经历过的最艰难的事情"。但是最终她成功了，而且非常引以为豪，她认为自己能得到现在的工作也是得益于双语优势。

案例 10：Carmen

Carmen 的父母离婚后，10 岁的她随母亲从美国斯普林菲尔德搬到了波多黎各，在那儿上小学四年级。之后的几年在这个非常严格的天主教学校里，她并没有之前那么快乐。周围的同学自成小团体，很少有人愿意接近她、跟她交流。不过她说："虽然不快乐，但至少那段时间我把西班牙语学好了。"她在波多黎各上了四年学，各方面表现都很优异。之后她又被送回美国跟父亲一起住，在美国完成了高中学业。现在英语是她的主要语言，但是她的西班牙语也掌握得相当好，比一直和父亲住在美国（只有暑假的时候去波多黎各）的弟弟们要好得多。优秀的双语能力使她拥有了现在的工作。每天她在工作中都要使用西班牙语和英语两种语言。她也为自己流利的西班牙语而自豪，因为她能经常回到波多黎各，回到母亲及外祖母身边。

案例 11：Gretchen

Gretchen 的父母从英国移民加拿大时，并没有计划让孩子成为双语儿童，但是魁北克的法律明文规定，移民的条件之一就是孩子必须就读法语学校，所以他们别无选择。幼儿园刚开始的时候，Gretchen 只知道说"是"和"否"。到了一年级期末，她的法语读写测试已经能得双百分。她回想自己作为学校里仅有的几名英语使用者的经历时说，那时经常有人取笑她的名字，她感觉自己被其他同学孤立了。尽管如此，她非常努力并逐渐喜欢上了法语，甚至有些时候她更倾向于使用法语。她推荐以外语教学的学校，而且希望以后她的孩子也能进这样的学校。

没有人特别关注过 Isabel、Carmen 和 Gretchen 三个孩子的语言教育，但是也没有人能为他们设计出比他们的个人经历更有效的语言训练项目了。搬家、工作变迁都是无法选择的策略。没有人会建议你在孩子年幼时用迁离的方法去学习第二语言，但是当这一切自然发生的时候，我们发现这种方法的确奏效，而且效果也非常令人鼓舞。上文的几则故事能为父母们在考虑国外工作机会的时候提供一些参考。

案例 12：Leah 和 Eva

Dorit 和 Yuri 从以色列来到美国的一所大学工作。在衡量这份工作的优缺点时，其中一个因素就是他们的女儿 Leah 和 Eva 可以获得学习英语的机会。Dorit 童年时就因为父亲工作调动而习得了另一门语言。她一直都觉得双语给她带来了很多好处——同学们都很羡慕她，尤其是她可以免修大家都得上的英语课。而她的丈夫一直都没学好英语，但英语在他事业里又有举足轻重的作用。与 Isabel、Carmen 的例子相比，Leah 和 Eva 并没有感受到强烈的环境变化，因为匹兹堡当地就有相当大的以色列社区，所以这两个女孩儿都觉得她们同时拥有了两个世界。

案例 13：Joe Spelke

另一个类似的案例来自哈佛教授 Liz Spelke 的家庭。这个家庭每年暑假都会去法国的一个小镇。偶尔他们也会在那里待上一整年。如果整年都在，她会把孩子送到法语学校里。她 3 岁的儿子 Joe 曾宣布，如果送他去法语学校，他这一整年都不打算在学校开口说话。果然，前四个月他都待在角落里自己玩儿，对课堂活动也貌似不怎么关注。那段时间 Spelke 教授断定这整个经历对 Joe 会是一场灾难，但是没想到有一天 Joe 突然说："妈妈，我改主意了，我要开始在学校说话了。"他的"沉默期"就此突然停止了。他用完整的法语句子表达，甚至已经一字不落地学会了之前班级教唱的那些歌曲。原来，那时候他看起来在走神，实际上都学会了。

案例 14：Rachel

Rachel 同样深刻地记得她 6 岁那年从以色列转到美国小学的经历。当时她一点儿英语也不会。前两三个月用她的话说就是开启了"吸收模式"："当时我听也听不懂,说又不会说。"尽管如此,她依然坚持每天去上课,课间和同学们一起在户外玩儿,也尝试着结交新朋友。"某个神奇的时刻,我发觉我开始理解、会说这门语言了。"她的英语听不出外国口音,有时候她还会帮父母纠正语音和语法错误。她和家人在美国居住过三次,每次一到两年,分别是她2岁、6~8岁、14岁的时候。因为他们一直都知道在美国住一段时间之后还是要回以色列的,所以在家里就都用希伯来语交流。Rachel在美国期间在家学会了希伯来语的读写,因此回到以色列的学校之后并没有落后于国内的同龄人。她现在仍觉得两门语言里她的希伯来语更好,因为她知道更多的俗语、成语和歌曲,但同时她的英语发音非常标准,词汇量也很大,句法又非常丰富。如果你跟她聊天,你会觉得她是非常典型的受过良好教育的美国人,可能完全想不到英语是她的第二语言。

六、多种策略组合

> 很多家长认为,如果没有使用多种策略,他们的孩子恐怕未必能够坚持使用双语。

很多家长认为,如果没有像下列案例那样使用多种策略,他们的孩子恐怕未必能够坚持使用双语。

案例	家长姓名	策略	居住地
案例15	Maya	"家庭使用弱势语言"策略结合"因时因地"策略	美国芝加哥、克罗地亚
案例16	丽丽和栋(音译)	"家庭使用弱势语言"策略结合"因时因地"策略	美国、中国

案例15:Maya——"家庭使用弱势语言"策略结合"因时因地"策略

母亲:克罗地亚语、英语(晚期学习者)

父亲:克罗地亚语、英语(晚期学习者)

父母间交流:克罗地亚语,之后加入英语

社区:英语

孩子:英语、克罗地亚语

案例 15	优势	劣势
语言输入	父母都是双语者，且以克罗地亚语为强势语言	孩子的语言输入量最初是克罗地亚语偏多，几年后逐渐变成两种语言平均
大家庭	祖母有时会来同住一段较长的时间	
社区		学校不欢迎弱势语言
印刷读物		有一些，但不够多
旅行机会	暑假时和祖父母住在克罗地亚	
态度和经历	父母都持积极态度	
投入程度	很多情感投入	有时父母都太忙了

　　Maya 和丈夫都是成年后从克罗地亚搬到芝加哥的，来的时候带着出生在克罗地亚的 4 岁儿子 Adam，而女儿 Tina 是在美国出生的。刚来的时候他们在家只说克罗地亚语。Maya 说："我们不知不觉就用了'家庭使用弱势语言'策略。"也就是说，他们夫妻之间以及和孩子们交流的时候都说他们的母语。克罗地亚语成了他们的家庭语言。女儿 15 个月的时候就被送到日托机构，而儿子在上幼儿园，因此两个孩子很早就接触了英语环境。"女儿完全适应这样的语言模式，"Maya 说，"Tina 会很清楚地区分，知道谁说什么语言，如果这个人跟她说了另一种语言，她会表现得很吃惊。"

　　同时，Maya 和丈夫也沉浸在英语的工作和学习环境中，他们俩的英语能力也取得了很大进步，家庭语言里也渗入了越来越多的英语。对大人来说都越来越难避免两种语言的混用，小孩子当然就更严重了。女儿到了 4 岁左右，和父母在一起的时候就不说克罗地亚语了。她和哥哥都觉得没有必要和父母说克罗地亚语，所以这门弱势语言就渐渐地"从窗口飞走了"。对学校的老师来说，这种现象是无所谓的。他们对孩子们的双语能力无动于衷，只关心孩子们的英语里是否有细微的不流利的情况；如果孩子的英语不够完美，老师肯定马上归咎于另一门语言的影响。

　　保留语言和文化仍然是家长强烈希望孩子学好语言的动机，他们不希望看到这些东西逐渐消失，所以他们为此付出更多的努力。Tina 6 岁的时候，说克罗地亚语越来越少。Maya 觉得她必须采取措施了。于是她带着女儿去克罗地亚待了几周。当 Maya 看到女儿的改变时，她觉得今后每年暑假都可以让孩子回来和外祖父母住上一个月。在那里，Tina 拥有了说克罗地亚语的同伴，最重要的是，她有了使用克罗地亚语的机会和动机。这样的暑假探亲使情况有了好转。Maya 认为，如果没有和外祖父母一起度过的这些暑假，Tina 的克罗地亚语不可能像现在这样好，也不可能对克罗地亚文化有如此的亲近感。

案例 16：丽丽和栋——在美国学习中文，在中国和祖父母同住一年

母亲：汉语普通话、在学校学过英语

父亲：汉语普通话、在学校学过英语

父母间交流：多为普通话

社区：英语

学校：汉语普通话沉浸式教学

孩子：孩子们在一起通常使用英语，但与父母使用汉语

案例 16	优势	劣势
语言输入	父母的母语都是弱势语言；长大后学会强势语言	
大家庭	外祖母曾到美国陪孩子较长一段时间，并且在孩子 6～18 个月大的时候带她回到中国生活	
社区	有很多朋友说弱势语言；有弱势语言教学的沉浸式学校	小学以后没有用汉语教学的学校
印刷读物	数量充足；有流行的中国文化人物形象；经常使用弱势语言进行 Skype 通话	
旅行机会	每两年的暑假回中国一次；国内有很多亲戚（包括孩子的兄弟姐妹等）	
态度与经历	父母持积极态度；认为使用双语是一种天赋能力，对孩子有益	
投入程度	从未想过在家里不跟孩子说汉语	有时孩子会中英文混着说；父母接受孩子间用英语交流

丽丽和丈夫栋都是 20 多年前来到美国读研究生的。丽丽的父亲也在美国学习过，所以英语很不错，但丽丽母亲只知道最基础的一些英语表达，所以在中国的时候，丽丽的父母在家从来不说英语。她和栋也是在中国上学的时候学习的英语，不过来到美国之后才学着用英语进行真实的会话交流。另外，丽丽有一个非常要好的朋友，其母亲法语讲得非常好，但是却没教孩子说法

语，导致这个朋友每天都为这个事情懊恼不已。也因此，丽丽和丈夫从来就没想过"不"对孩子说汉语。其实，夫妻二人不仅和彼此都说汉语，而且还有很多中国朋友，他们在一起的时候也都说汉语普通话。

大女儿 Dedee 已经 12 岁了。她刚出生的时候，外祖母曾到波士顿和孩子一起生活了 6 个月，然后带孩子回到中国照顾了一年。一年以后，丽丽回国探亲，并接走了女儿。到那时为止，Dedee 最初学会的一些单词和短句都是汉语的，回美国之后，3 岁去学前班之前她一直都完全生活在中文的环境里。据丽丽回忆，Dedee 刚去学校的那段时间，语言并没有给 Dedee 带来任何压力。对她来说，离开妈妈比转换语言更困难。她也不知道这一切是怎么发生的，但是 Dedee 上学之后，英语进步非常快，几个月之内就可以像其他小朋友那样自如地对话了。Dedee 和父母以及父母的朋友仍然讲汉语，并且他们家还会和国内的亲友每星期至少用 Skype 通话一次。

Dedee 在学校的时候都说英语，但在她五年级的时候，当地开办了一所汉语沉浸式学校。于是 Dedee 转到这所学校读书。通常到沉浸式学校上学的孩子都是从一年级开始读，所以 Dedee 在学校里情况比较特殊。不过，由于她已经会说中文了，所以书写方面进步很快，尽管写得不如国内同龄的孩子好。在书写方面，丽丽一直都觉得这所学校提供的帮助很大，因为她自己未必能够教女儿写中文，另一方面女儿也未必愿意花大量的课外时间学习写汉字。Dedee 在这所汉语学校读了两年，直到要上中学的时候才转校，因为当地中学里并没有类似的沉浸式学校。丽丽的小女儿Wan-li的经历和Dedee很像，同样也是和外祖母一起在波士顿生活了 6 个月，之后回国待了一年，然后在学前班开始学英语，最后到汉语的沉浸式学校学习中文的书写，所以她无论汉语还是英语都发展得很顺利。

Wan-Li 说在她 4 岁的时候，感觉学习两门语言进步更快一些。她和姐姐都能熟练地进行英译汉和汉译英，为此她们觉得非常骄傲。从她们身上，我们还可以看到双语培养的另外一个好处，那就是这些孩子会对学习其他语言很感兴趣。Dedee 在中学期间开始学习法语，并且非常享受这种外语学习的过程。在第 1 章里我们也曾谈到，掌握双语的人在学习外语方面的确要比单语者更容易一些。回顾这个案例，我们可以看出丽丽和丈夫为孩子的双语培

> 双语培养的另外一个好处就是孩子会对学习其他语言很感兴趣。

养创造了一系列的有利条件。因此，我们对两个孩子的双语成长抱有很大信心，她们已经有了良好的双语基础，并且在生活中还有不少促进双语不断进步的习惯，所以她们成人以后应该都会成为出色的双语使用者。

七、学校的贡献

类似案例4中玉韬家父母有一方在家里不说汉语或当地方言的情况还是比较罕见的。我接触过的大多数在中国学会英语的人都告诉我，他们是在学校里学会英语的。我们知道通过学校是可以学会的，但前提是学习者能接触到足够多的英语使用者作为示范。但同时我们也了解到加强英语口语很少真正被中国的英语教师列为教学目标之一，他们更注重阅读。对大多数人而言，学校学习并不能使他们主动地掌握课堂上学到的语言。特别是对于年幼的儿童，学习本该是个主动的过程。

如果父母不懂外语，或者他们自己也正在花时间和精力学习外语，此时学校可以起到促进语言提高的作用——特别是如果学校也能借鉴家庭经验，采用"沉浸式"（immersion）策略。沉浸式，顾名思义，指孩子的生活、学习环境完全被这门语言包围起来。孩子们"浸没"其中，彻底全面地习得语言。他们更多的是在"使用"这门语言，而不是学习这门语言。

加拿大的学校以适合英语使用者的"法语沉浸式"项目闻名遐迩。完全不懂或只是略懂法语的孩子进校后第一天起，在校园里接触的语言就全是法语。儿童学习母语的前几年，交流所需的语言能力还是比较低的，在这种沉浸式项目里最开始几年也是如此。这个阶段更多地依靠非语言形式的交流，不过一旦需要语言，只能使用目的语法语。两三年内孩子的语言复杂度就逐渐提高了，这门外语的初学者也能达到母语同龄儿童的水平。

有些美国学校也采用了类似加拿大的沉浸式项目，但还有一个体系也获得了认可，即"双浸式"（Dual-Immersion; Two-Way Immersion, TWI）。在弱势语言使用者想学强势语言，而强势语言的使用者选择学习第二语言时，这个体系非常有效。这两类人可以在同一间教室里学习，他们向对方提供地道的语言素材。在理想的双浸式项目里，精通弱势语言和强势语言的人数各半。这就是源于二十世纪六十年代的"珊瑚路"双浸式模型（"Coral Way" TWI model），以迈阿密的"珊瑚路小学"（Coral Way Elementary）命名。这个体系被第一批离开岛国暂居迈阿密的古巴人所实践，他们一直等待回国的那一天，尽管这一天一直没有到来，但是双浸式项目却保留并流传了下来。

最后一种模式是"沉没或游泳"模式，也被称为"淹没式"（submersion）。孩子们被放到强势语言的环境里，周围都是这门语言的学习者，并被要求要跟上这些人的进度。大多数孩子这时候会努力"存活"下去，即"学着游泳"，但是由于目前还没有相应的措施去拯救那些有可能会"沉没"的孩子，所以如果尚有其他选择，一般不推荐这种模式。上文讲述的 Isabel、Carmen 和 Gretchen 的故事（案例 9-11）都属于这种模式。他们成功了，但是我们并不清楚有多少人在这种模式中失败了。总而言之，所有这些方法都是利弊共存的，但重要的是，它们都有效果，都有成功的案例。

本部分案例涉及的几个孩子参加了二语沉浸式项目但没有"沉没"。

案例	孩子姓名	居住地
案例 17	Josh Pritzker 和 Julie Pritzker（沉浸式教学）	加拿大温哥华
案例 18	Mark 和 Susan（MeiLi）	加拿大埃德蒙顿
案例 19	元娜	中国广东
案例 20	黄心纶	中国台湾

案例 17：Josh Pritzker 和 Julie Pritzker——只通过沉浸式学校学习

母亲：英语

父亲：英语

父母间交流：英语

学校：法语

孩子：英语、法语

案例 17	优势	劣势
语言输入		很少
大家庭		家庭成员没有人使用弱势语言
社区	成熟的弱势语言沉浸式学校，享有很高的声望	高中阶段没有以弱势语言教学的学校
印刷读物	数量充足；有流行的文化人物形象	
旅行机会	有限	
投入程度		对弱势语言有智力投入，但没有情感投入

Pritzker 家的 Josh 和 Julie 在温哥华择校时有两种选择：一种是英语单语学校，一种是法语沉浸式学校。Pritzker 一家是英语单语家庭，因此英语学校对他们来说可能是最自然的选择。法语沉浸式学校设有为英语母语者准备的沉浸式项目，从四年级开始所有的教学都以法语进行，然后再逐渐引入英语。法语沉浸式项目成效显著，声名远播，获得了大量家长的支持。而且这是最受欢迎的项目，要通过类似摇号的方式才能获得入读的机会。Josh 赢得了机会，因此两个孩子都顺利进入这个项目。从幼儿园到中学，几乎每个夏天他们都参加为期两周的家庭法语夏令营。孩子们一直表现得很好，上学也很高兴，但是父母感觉他们的法语能力更偏向于日常对话交流，而缺乏真正的学术层面的语言能力。他们说得很好，也会阅读，但仍然达不到母语者的水平。

案例 18：Mark 和 Susan——错的时间和对的时间

母亲：英语（单亲）

社区：英语

学校：普通话、英语

孩子：一个孩子只说英语，一个孩子学习英语和普通话两种语言

案例 18	优势	弱势
语言输入		单亲妈妈，且不会汉语
大家庭	前夫的家庭在台湾；除了曾祖父其他人都说英语	
社区	目前在双浸式学校里学汉语；学校有几种汉语课程可以选择；多语现象很普遍	早年生活的城市里说汉语的人很少
印刷读物		可获得一些，尤其是通过学校，但是母亲使用有些困难
旅行机会	几次短途台湾旅行；在深圳住过3个月	
态度和经历	母亲态度很积极	单亲
投入程度		很多智力投入

加拿大埃德蒙顿市也有双浸式项目。Shelley 带着她的孩子 Mark 和 Susan 搬到了这里。Shelley 不会汉语，但是儿子的父亲是中美混血，女儿是 11 个月

大的时候从中国领养的，两个孩子都有中国血统，因此 Shelley 非常希望两个孩子能拥有了解中国文化的语言工具。

　　Mark 在汉语学习中走走停停，Shelley 觉得她的努力并没有奏效。在亚拉巴马生活的时候，她在 Mark 出生后第一年里雇了一个中国保姆，一周来三天。Mark 最先学会的几个词都是普通话。不过这位像奶奶一样的保姆突然要回中国，于是 Shelley 又雇了一个保姆。这位保姆比较年轻而且很希望学好英语。她的英语理解能力非常好，很快 Mark 就意识到就算保姆用中文跟他说话，他也可以用英语回答。当 Shelly 去上班的时候，他抗拒和保姆待在一起。他还会问妈妈："为什么姑姑来了你就要走了呢？"所以 Mark 宁愿去日托机构。

　　Mark 学习汉语最成功的阶段是在 7 岁的时候。那时母亲去深圳工作，他们在深圳待了 3 个半月。通过在校学习以及和邻居们玩耍，到第 3 个月的时候，Mark 真正开始说中文了。有一次，他和邻居几个男孩儿一起等公交车，Mark 第一个看到车。当他说"车来了"的时候，所有人都四处看是谁说的，因为他说的太像中国小孩儿了。但是，他们很快就回到了亚拉巴马。不出一两个月，Mark 的中文就退步了。

　　回到亚拉巴马之后，他们尝试过很多周末中文学校，但是每次都因为不同的原因中途退出了。其中一个是因为老师的教法太过陈旧，另一个是因为其他孩子的汉语水平比 Mark 高很多，还有一个是因为老师让 Mark 整节课都独自在电脑前学习。他们搬到埃德蒙顿市后，Mark 再参加双浸式项目为时已晚。一般来讲，母语是弱势语言的人可以在任何时间加入沉浸式项目，因为他们无论如何都会学会社区语言，双浸式项目因为既有强势语言又有弱势语言，只是让语言的学习过程缓和一些。但是母语是强势语言的人要在弱势语言的学习上赶上来并不容易，因此他们只能在幼儿园或者小学一年级加入项目。原本适合 Mark 的项目却因为时机不对而错过了。

　　现在 Mark 已经 14 岁了，学习成绩很好，但不能算是平衡的双语者。他有很多中国朋友，有些朋友的父母和祖父母都说汉语，但是还没有人让 Mark 产生说汉语的欲望。Shelley 对自己做出的努力感到无望，并希望以后 Mark 能自己主动努力学习汉语。她也希望当 Mark 决定学汉语的时候，幼年的汉语接触能对他有所帮助。

Mark 的妹妹 Susan 似乎找对了时机。他们搬到埃德蒙顿市的时候正好是适合她进入幼儿园双语项目的年龄。8 岁半时,她的强势语言是英语,但是汉语成绩很好。上课时老师并不太强调对话,所以 Susan 没觉得自己真的能说这门语言,更觉得像是学校的一门科目。尽管理论上是双浸式,但班里几乎没有汉语母语的学生,所以 Shelley 又雇了中文家教放学后辅导 Susan 学习。Susan 非常配合,但是对她来说学语言不如学花样滑冰有意思。Shelley 希望女儿学汉语的其中一个目的就是为了得到身份认同,但这个目的的达到与否,Susan 的身份认同感有多强,现在都还不好定论。

本章最后两个案例都是孩子自己想成为双语者,并为自己创造机会。

案例 19:元娜——给自己创造机会

母亲:斗门话(粤语方言)、粤语

父亲:斗门话、粤语

父母间交流:斗门话

社区:斗门话、粤语

学校:汉语普通话

孩子:斗门话(及其他方言)、粤语、普通话、英语

案例 19	优势	劣势
语言输入	成年后接受过会议口译集中训练	母语者极少;很少有实际的互动交流
大家庭		
社区	英语的地位较高 普通话沉浸式教育	很少能在实际生活中听到或用到英语
印刷读物	有英语的媒体资料,如电影、剧本、歌曲、录音等	纸质材料少
旅行机会		童年时没有
态度和经历	个人有着极强的决心和学习动力	校外的机会很少
投入程度	高	

虽然元娜(音译)出生在双语家庭,但她先后学会了四种语言。她生于广东省,离香港很近。无论是家人还是幼儿园的小朋友,大家都说斗门

话。她所在的城市大多说粤语，看到的香港电视节目也是粤语的，所以元娜最先成了斗门话和粤语的双语者。进入小学后，学校用普通话授课，她又成了三语使用者。元娜 11 岁时，开始在学校里学习英语，每周都有几节英语课。

元娜总是对语言的细节很敏感。每当外地的亲朋好友来访的时候，元娜都会被他们不同的发音所吸引，也总想多学一些，于是她很快就会说附近地区的方言了。其实元娜没有正规学习过粤语，只是看过很多香港的粤语电视节目。看的时候她不仅仅关注故事情节，还会仔细琢磨里面的词汇，很快她掌握的词汇和语法就远远超过了日常生活中的输入量。

在学校里，普通话既是一门课程，也是各学科授课的语言。因此在学习地理、科学等科目时，她也在以一种最强大的方式来提高自己的普通话能力。在这种环境中，她不得不去"使用"这门语言，而"无法"时刻关注自己语言中的词句等细节，所以普通话现在更像是她的母语。

至于英语，只是学校诸多课程中的一门。尽管当时元娜还小，但她知道这并不是学习语言最有效的方式。她说："大多数英语老师只是教我们如何用英语阅读，并且很多时候是用普通话来解释英语知识点的。"由于她并不满足于课堂的英语，所以她开始寻找其他方式来提高英语综合应用能力。比如，她会看英语电影，把里面的对白都背下来，还听英语磁带、英语歌曲等。由于她的努力，20 岁的时候她就有能力参加"国际会议口译"的培训课程了。经过两个月的紧张训练，她的英语能力大幅度提高。后来，元娜进入一家总部位于美国的早教机构任英语老师。

元娜的故事让我感触最深的就是，她非常努力地寻求机会，弥补周围没有人和她用弱势语言交流的缺憾。一般我们看电视或看电影是在被动地接受语言输入，是不易提升语言能力的。但是如果像元娜一样带着学习的心态仔细观看节目，一定会有很多收获。她的英语水平已经超过了学校里其他女孩儿的英语水平，而且她储备的英语"书本知识"比实际的语言运用能力更胜一筹。因此，尽管口译培训只有两个月的时间，她还是凭借良好的语言储备使英语迈上了新台阶。

案例 20：黄心纶——英语学习在台湾扎实起步

母亲：汉语普通话、闽南语（台湾话）

父亲：汉语普通话、闽南语（台湾话）

父母间交流：普通话为主

社区：普通话

学校：汉语学校，开设英语课

  来自台湾的黄心纶目前在美国读研究生，攻读语言学专业。他对语言有着浓厚的兴趣，我们并不奇怪。但浓厚的兴趣还不足以解释为什么在母语是汉语的情况下他能把英语说得那么好。他说的英语几乎没有任何外国口音，而且无论什么话题都能畅谈自如。中国有很多人都学英语，但说得流利的非常少。心纶也说，学校的教学都是"用汉语来学英语"的。换句话说，老师本身就很少说英语，英语课堂教学都是用汉语进行的。多数英语课都是教学生们阅读和写作，但是学生又读不到《哈利·波特》或者其他流行的文学作品。心纶十分坦诚地说："学校的英语课多少有些无聊。"

  心纶的英语之所以这么流利是因为他没有等到13岁上中学才开始学习英语。小学四年级的时候他说服了父母把自己送去课外的私立英语培训班。当时每个班大概有二三十名学生，由英语母语的老师授课，教室后面有一位中国助教，在学生们实在听不懂的时候用汉语解释。前一个月心纶能听懂的不多，但渐渐地他意识到自己可以听懂了。他说他也没法把听到的翻译成汉语，但是他真的理解了。课程轻松有趣，充满互动。至今心纶还记得当时玩儿了很多游戏，比如"吊人"之类的词汇游戏，还有贴标签游戏，就是大家要快速大声叫出别人的名字，以避免自己被贴上标签。他回忆当时的气氛非常活跃。

  心纶的父母并不会说英语。尽管参加这样的课程学费高昂，但他们觉得这是给孩子未来的明智投资。除了上英语课外，心纶还多次借机前往英语国家，比如去新西兰探亲过暑假。16岁时，他还参加了纽约北部一家学校组织的英语作为第二语言的夏令营活动。在那里，他们每天上午上英语课，下午参加轻松有趣的英语活动。可选的活动很多，比如野外考察、搏击自卫术、艺术课、音乐课、体育课，等等。其他夏令营成员大都是来自中国和远东地区的学生，但活动组织者几乎都是只会说英语的老师，所以心纶的英语在这段时间进步很大。17 岁时，他和婶婶又去了一次美国。行程最后，心纶为一个来自中国的老年旅行团担任翻译。虽然这份"工作"是没有报酬的，但是他随团去了迪士尼，实现了此行的个人目标。

八、最佳策略

哪个是最佳方案？是"混合语言原则"策略，"因时因地"策略，还是双语教学？

前文中我已经表明我对"混合语言原则"策略持保留意见。"混合语言原则"的主要基础来自 Joshua Fishman 给那些试图防止语言转化的人的建议。根据 Fishman 的理论，最关键的是在社区里做好语言分区。他认为，当两种语言出现在同一地点时（比如家里、教堂或其他公共场合），这两种语言势必互相竞争，最终决出胜负。Fishman 建议那些希望在社区保留或加入自己"继承语"的人将不同语言分隔开来，在不同的地方用不同的语言。每当我听到"混合语言原则"策略在某个家庭中起到良好效果时我总是很高兴，但同时又觉得整体而言这个策略不是那么有效。

我们没有必要拿"因时因地"策略和其他策略做比较，因为无论你使用什么策略，它都可以作为有效补充。如果你有机会出国旅游，或者搬到说另一种语言的国家住上一年或更长时间，你便会沉浸在第二语言里。虽然这种沉浸还不足以让你成为双语者，但还是会助你一臂之力。选择学校也是同理，以"继承语"为教学语言的学校并不能代替你在家里所做的努力。就像我们之前看到的，学校教学增强了你的家庭双语培养效果。双语者即便没能实现弱势语言的读写，仍然可以习得流利的口语。他们会很享受用基本的语言技能与人互动交流。这些学习者的语言能力可能会达到母语者的"及格"水平。当然，如果他们有很强的语言天赋，同时对该语言和文化有高度的认同感，那么他们也能达到接近母语的水平。但是如果弱势语言学习者的阅读能力不够，他们就像母语者中的文盲一样，也会遇到很多相似的困难。他们的语言

> 学校教学增强了家庭双语培养效果，但不能代替父母在家中做出的努力。

水平很难达到"标准",而且在商业和学术领域里也很难派上用场。

"父母分工"策略与"家庭使用弱势语言"策略

至此,我们的问题变成了"'父母分工'策略和'家庭使用弱势语言'策略哪个更好?"很显然,两者在很多情况下都能发挥作用,但是又不能保证在所有情况下都管用。

Barron-Hauwert 既是母亲,又是作家,还是《双语家庭时事通讯》的编委之一。她在调查报告中指出,使用不同策略培养双语儿童的结果可分为以下几种:单语、被动双语、主动双语和三语。调查中 80% 的家庭从始至终使用一种策略,偶尔使用"因时因地"策略作为强化补充。调查显示,多数受访者使用的是"父母分工"策略,这种策略的成功率为 78% 左右(其中包含被动双语者)。De Houwer 此后所做的一份调查显示,在父母都用非社区语言交流的家庭里,超过 90% 的孩子会成为双语使用者。但同时我们也看到,这种条件不是每个家庭都具备的。

那么,从这些案例中我们能得出什么结论呢?在我看来:1)无论是成为被动双语者还是主动双语者,孩子都可以实现;2)策略之间并无优劣之分;3)有条件实施的就是你的最佳策略。

九、策略抉择

第 4 章的自我评估表应该已经帮你明确了培养目标,了解了自身的优势和劣势。这个表格一定程度上也发挥着"决策树"的作用。

- 如果你的配偶不会说弱势语言……
你可以排除使用"家庭使用弱势语言"策略和"混合语言原则"策略。
- 如果让孩子学会"继承语"是你的首要目标……
这种情况下我建议排除"混合语言原则"策略(参见第 4 章的讨论)。这个策略可能有效果,但是效果"很可能"不理想。你一定想确定自己已经尽了全力使用了所有能帮助双语学习的方法。这也意味着如果有可能,你会使用"家庭使用弱势语言"策略,时机合适你也会使用"因时因地"策略,或者出国过暑假，又或者到弱势语言为母语的国家休假一年之类的。

- 如果你是单亲家长……

你可能还是会选择"父母分工"策略来培养双语儿童。有些家庭中是由祖父母来代替"另一名家长"的角色。这位家长必须跟你一样，长期和孩子生活在一起，一周至少要有 20 个小时。单亲家庭也可以通过选择不同类型的学校来帮助孩子学习语言，同时应该积极寻求家庭以外的支持。

- 如果你使用非母语的弱势语言，而让配偶使用强势语言……

这种情况下"父母分工"策略更可行。对孩子来说有一门语言能有母语者作为示范是很好的，但是 Saunders 的案例也告诉我们，即使是非母语者也能成为合格的语言示范。

- 如果你使用非母语的弱势语言，而配偶只会弱势语言……

你可以选择"家庭使用弱势语言"策略。你可以用非母语的语言输入增加弱势语言的互动量，而社区和学校会帮助孩子学好强势语言。

在中国这样的国家，由于长久以来并没有多少外国移民，父母就更不能忽视通过学校培养孩子学习语言的机会。

十、如何提供学习动机和机会

我们建议家长给孩子提供弱势语言的学习动机和机会，听起来就好像建议炒股的人要"低买高卖"，说起来容易做起来难。如果能赚钱的股票那么显而易见，那么我们就都成富翁了。事实上，好股票并不容易被发现，而且大多数变量也不在我们掌控之中。

相似地，我们也要在创造二语习得动机和机会方面给你提供更具体的建议。在本章中我们看到了大量策略应用案例，可以看出，至少在一定程度上你能够为孩子使用语言创造机会。然而提供学习动机却是更重要、也是更难做到的部分。如果孩子想使用这种语言，他们自己就会寻求机会。因此，你的任务就变成了将对语言的渴望植入孩子心中。

这个任务很难，但不是不可实现。家长其实一直都在这么做。事实上，

> 如果孩子想使用这种语言，他们自己就会寻求机会。你的任务是将对语言的渴望植入孩子心中。

在家长职责中，建立并保持孩子和他人和谐共处的愿望是很关键的部分，包括与兄弟姐妹的相处，也包括与沙盘游戏中要抢走他们水桶和铁锹的人的相处。广告商也是如此。他们擅长用商品广告吸引不同的用户群，鼓动他们去买那些非生活必需品。当语言本身不够吸引孩子的时候，家长也要使用一些广告技巧给孩子增加学习动力。

我们之前已经谈到如何安排家庭的语言。其中有些策略可以同时增加语言学习的动机和机会。比如，给孩子使用弱势语言的动机最万无一失的方法就是使其成为孩子唯一的语言。让健康孩子学会说话无须家长做特殊的努力，让孩子保持安静才是更难的。因此，至少是在语言发展的初期阶段，如果孩子生活环境中只有一种语言，他们自然而然就会说了。但实际上我们这里说的是一个对孩子来说充满了选择的世界。比如在使用"父母分工"策略的家庭里，家长考虑的是孩子有多长时间能跟父母说各自的语言：如果其中一方在孩子醒着的时候只有一个小时在家，那么孩子使用这种语言的机会就少了很多。但是，即使孩子接触两种语言的时间均等，孩子更愿意和哪个家长交谈也是个问题。

你会选择和谁交谈呢？是教你如何整理床铺的，还是陪你玩儿游戏的？是对你大吼大叫的？还是经常表扬你的？你能撇开手头的事和孩子研究绒布是怎么和窗户连接起来的，或是雨水是怎么积成水坑的吗？蹒跚学步的孩子会喜欢语速太快或是用词太难的家长吗？孩子们不知道怎么说"慢一点儿"，但是你必须要告诉自己"慢下来"。

> 你可以把观察到的成功广告的秘诀借鉴过来以提高第二语言的吸引力。

十一、锦囊妙计

我不赞成让家里充斥商业气息，但是你可以把观察到的成功广告的秘诀借鉴过来以提高第二语言的吸引力。下表列出了12种易于操作的策略和方法。

表10 锦囊妙计之如何鼓励孩子说弱势语言

妙计1. 简单易会
句子简短，易于重复。

续表

妙计 2. 重复性
学习重复性强的歌曲，易学又不容易忘。
妙计 3. 醒目
用明亮的颜色和有趣的图片把孩子的注意力吸引到弱势语言的素材上来。
妙计 4. 把弱势语言与孩子的欲望联系起来
为什么汽车广告中总是用魅力四射的美女来搭配展示最新车型呢？因为美女虽然无法提升汽车性能，但是至少可以吸引男性消费者。同样地，你也可以利用一点心理学原理把弱势语言与能给孩子带来快乐的事情联系到一起，如用弱势语言安慰孩子、玩儿游戏，或是看电影，等等。你可以用弱势语言说，"来，我们去买个冰激凌！"，而不是说，"去，把垃圾倒了！"。
妙计 5. 家长讲话时只用单语模式
我最强调的一点就是家长要监督自己的行为。儿童对成人语言转换频率是非常敏感的，他们也会模仿成人调整自己语言的转换频率。如果你自己也经常从弱势语言转换到别的语言的话，你的孩子那么做也不奇怪。
妙计 6. 小小奖励
教育心理学家不鼓励使用奖品来奖励本该做的事。比如，专家认为，如果孩子读了一本书你就给钱，那么他们反而会渐渐失去主动读书的动力。因为你这么做就等于教孩子为别人读书，而不是为了自己。但是专家的话并没有阻挡家长们使用小奖励，比如调查中一个家庭用一罐 5 分硬币作为提示物。开始吃饭的时候每个人有 5 枚硬币，语言用错一次，就要把一枚硬币放回罐子里。吃完饭后手上剩的硬币就归自己所有。有时候奖品也可以是有助于语言学习的，比如更多地使用弱势语言就可以获得一本该语言的新书。
妙计 7. 提供更有效的帮助
帮孩子找到他需要的词汇，但是不要打断或纠正他，而要一起讲故事，也就是重新组织语言。
妙计 8. 用一些幽默的话语来引起孩子注意并把他们带回到弱势语言中
简单的表达，如"各就各位！预备！开始！"就可以有意识地重新激活弱势语言的使用。
妙计 9. 始终如一，坚持到底
但注意不要太固执死板。
妙计 10. 正面鼓励，避免惩罚
你可以学会更多地使用"我……"这样的表达，比如："我听到你在使用我的语言的时候，我感觉太棒了！"当你想要表扬对方的时候，你的态度自然会变得更加积极。有些人天生倾向于说"你……"这样的句式，而非以"我"字开头。这样的家长可以去听听相关的父母教育课程。

妙计 11. 利用你的想象力 许多家长都有使用会说弱势语言的玩偶的成功经验。我们的朋友 Matt 几年前发明了 Pepe 这个人物，现在 Pepe 已经变成家庭成员之一了。Pepe 并不是制作精美的玩偶，而是用旧袜子和假皮毛做的。但是他有个性，是个爱发牢骚的人，声音粗哑，态度生硬，经常吸引孩子们来惹怒他。他总是睡觉（还打呼噜），当 Matt 的儿子 Jamie 和他说话的时候，他会睡着。这时候 Jamie 得叫醒他。Jamie 已经长大了，知道玩偶里是爸爸的手，但是他对待 Pepe 仍然像是对待一个真正的墨西哥人一样。Jamie 有时还会试着教他英语。Pepe 的英语有进步，但是口音很糟糕，学不好之后就会说，"还是西班牙语好"。在家里，只要把 Pepe 一拿出来，家里的对话就转换成西班牙语了。
妙计 12. 现实一些 没有人能一夜之间学会一门语言。通向成功的层层阶梯就在你面前，需要一步步攀登。"成功"是没有统一版本的，不符合你的"成功"定义的事情并不等于"失败"。

现在你可以看到，一方面，语言本身就是一项特殊的技能，跟其他脑力活动有很大区别；另一方面，语言行为遵循着生活中你熟知的其他人类行为的基本原则。

拥有积极的态度和坚定的信念非常重要，要相信你正努力的事情是可以实现的，这样你才不会怀疑自己，不会像有些人那样，因为信念不够坚定而放弃。对第二语言的情感依托会让你想要克服一切困难，勇往直前。最终，你的心态会更加轻松，因为你觉得只要这样做就会有好的结果。你不应该在孩子的语言学习上急功近利，或是动不动就惩罚，这反而会引起孩子对这门语言的反感。你要清楚，孩子未必有和你一样强烈的动机，你必须通过巧妙的手段给孩子"植入愿望"，并保证语言学习的每个台阶都充满阳光和乐趣。

对有些人来说，双语生活是如此自然，但是有些人则需要经常获得鼓励和肯定。这些鼓励和肯定可能来自我这本书，也可能是你身边的实例，但你要有一双会发现的眼睛。

第 6 章
有无法学习双语的孩子吗？

在前面的篇章中，我更多地着墨于学习多种语言的优势，而本章我将介绍当孩子有可能不适合开始双语学习或者继续双语学习时父母该如何抉择。

在其他章节中我曾说过，只要给予合适的环境，所有的孩子都有能力学会两种或多种语言。我对比了双语同为一语习得、早期二语习得和单语一语习得，发现它们的发展过程是十分相似的。早期二语习得同一语习得一样，无论孩子处于哪种语言、哪个国度、哪种文化中，学习说话的方式都是极其相似的。不过，这并不意味着双语儿童在语言方面永远是一帆风顺的。

和单语儿童一样，双语儿童也可能出现语言障碍：可能有口吃的孩子，或者个别发音困难的孩子，也有因其他疾病导致语言障碍的孩子。患有耳聋、唐氏综合征、自闭症的儿童通常会有第一语言习得障碍。还有一些儿童则可能患有特殊语言障碍（Specific Language Impairment, SLI），即其他方面都正常，只在语言测试上得分偏低，如语法处理能力较差，话语多为短句及简单句，停顿、犹豫、重复比同龄正常儿童多等。

不过从本质上讲，即便孩子出现 SLI 等语言障碍，也不代表孩子不应该学习双语,只不过这些父母做出决定的过程与正常孩子的父母相比会略有不同。如果家长怀疑双语的孩子出现了语言问题,最好求助于了解双语发展的语言治疗师。倘若找不到,也至少应当听听其他方面的意见,比如先带孩子做一个听力筛查。如果有熟知双语的专业人士断定孩子确实存在语言障碍,那么他们也不会把减少一门语言作为首要的治疗方法。语言治疗师会根据孩子所处的社会、文化、教育环境(包括双语使用情况)来决定治疗期间是否应当继续学习两种语言。

一、背景

只要没有肢体障碍，每个人都能学会走路、学会说话；但是并非人人都能实现成功的阅读，因为在人类历史长河中阅读还是较新的事物。阅读中可能出现的问题甚至比语言表达还多。"阅读障碍"（dyslexia）一词就用于描述人们在学习阅读中遇到的种种困难。

尽管如此，世上并没有一种叫作"双语障碍"的病征。虽然有些人长大后学习第二语言的效果和速度远远超出其他人，看起来更像是个"天才"而非人类天赋使然，但这的确是人类的天赋。迄今为止，还没有一个标签来专门定义二语学习较差的人群（"失语症"（aphasia）不算，因为失语症涉及一语、二语等任何语种）。虽然也曾出现过双语者的其中一种语言发生异常的例子，但这种情况通常是由老年人脑中风引起的。另外，儿童也会出现失语症，但通常是非常罕见的脑损伤所致。第3章中也曾提到，有些双语者无法使用双语中某一门语言，但多数情况下，一语和二语出现障碍的概率是相等的，也就是说双语者的两门语言似乎没有哪一门比另一门更加"基础"。

如果将第一语言比作走路，那么第二语言就像骑自行车。不是所有学会走路的人都要接着去学骑车。不学也并不意味着没有这个能力。不骑车的理由或许是因为没有自行车，或许是因为住在沙漠、丛林等不适宜骑车的地方。当然，也可能是儿童自身原因导致无法骑车，比如平衡能力不佳、视力差、患有血友病等，这些都会影响到骑车的安全。这时，骑车带来的危险可能超过了它带给孩子的好处。

正如骑车一样，也可能存在一些不适合儿童学习双语的情况，比如听力下降、声音记忆能力差等方面的问题会直接导致儿童无法进行双语学习。同时一些社会因素也会让双语学习成为儿童的负担。那么，究竟是哪些技能缺失和社会因素会对双语学习产生不利影响呢？这些情况是否普遍？家长们又该如何辨别？

总体来说，我建议你让孩子学习第二语言，哪怕孩子存在语言障碍，也不会影响双语带给他的认知和社会方面的诸多益处。然而，我承认在父母看来可能有很多事情都比学习双语更重要，比如第一语言的发展、孩子自尊心

> 世上并没有一种叫作"双语障碍"的病征。

> 哪怕孩子存在语言障碍，也不会影响双语带给他的认知和社会方面的诸多益处。

的培养，或是赚钱养家等一些更加迫在眉睫的问题。其实，培养孩子的第二语言并不与这些目标冲突，反而可能会有所帮助。不过生活的艺术在于平衡，或许你觉得营造双语环境所投入的精力未必值得，或许你还有其他的目标和追求。总之要根据自己的实际情况来判断是否值得付出。你才是那个做最终决定的人。

二、出现语言障碍怎么办？

在下文中，我想让你知道，即使发现语言障碍也不意味着一定要放弃第二语言。过去，一旦发现双语儿童的语言发育出现滞后或其他情形，教育者和心理学家就会立刻把问题归咎于第二语言。他们认为只要放弃第二（或第三）语言，问题便可迎刃而解。如果这办法管用那当然好，但实际上还没有任何证据能证明其合理性。同样，所谓的"学习双语会产生或加重语言障碍"也仅仅是某些人的传言而已，并没有科学论据的支持。

在第一语言学习上，双语儿童与单语儿童并无差异，所有健康的孩子都能学会说母语。不过就母语而言，每个人掌握的水平也不尽相同。最近，言语科学家 Bruce Tomblin 与同事对美国中西部地区 5 岁儿童的语言情况进行了研究。结果显示，有 7% 左右的孩子有"特殊语言障碍"，也就是说这些孩子其他方面的能力都处于正常发育水平，只有语言能力低于正常水平。他们在接受语言病理学家的帮助。同时还有 1%～2% 的儿童存在其他语言问题。

无论是第一还是第二语言，最大的学习障碍是听力。如果孩子学哪门语言都有困难，首先就要检查孩子的听力。听力问题有的可能只是临时症状，比如频繁的耳痛等，可采用抗生素或注射治疗排出中耳积液，使声音更易传导到儿童的大脑；也可能是永久性问题，比如耳聋或罕见的听觉神经病变（这种神经病变可造成听觉信息传导不连续）等。

Genesee、Paradis 和 Crago 这三位加拿大学者一直活跃在双语发展及语言障碍领域。他们是这样描述双语及语言障碍的关系的：

"目前我们所知的所有研究都表明：儿童有能力同时或相继习得一种以上的语言。同时，我们针对存在'特殊语言障碍'的法英双语儿童的研究证明，

所谓的"学习双语会产生或加重语言障碍"也仅仅是某些人的传言而已，并没有科学论据的支持。

他们同样具备学习多门语言的能力。"

这就是说，有语言障碍的儿童也能学习两门语言。他们还提到，目前对双语儿童语言障碍的了解仍然有限，在判断是否存在问题以及选择治疗方案等方面尚有诸多空白。因此，双语儿童的语言障碍诊断及治疗既是一门科学，也是一门艺术。每个案例都需要通过科学知识与专业经验及判断力的平衡来综合评估。换句话说，没有万能的标准和方法，每个孩子都需要具体情况具体分析。

> 有语言障碍的儿童也能学习两门语言。

双语评估及干预

根据 Genesee、Paradis 和 Crago 三位学者，迄今为止仅有的几项研究都表明，有"特殊语言障碍"的儿童在沉浸式环境（和本书推荐的方法相同）中学习第二语言，既不会影响他们的第一语言能力，也不会影响其他学业成绩。也就是说，双语儿童第一语言的障碍与传统单语教学环境下的"特殊语言障碍"儿童是相同的。但是，哪怕对于同样状况的"特殊语言障碍"儿童来说，同样是学习第二语言，在沉浸式项目比在普通项目中的收获要大。

Genesee 等人发现，多数有语言障碍的双语儿童如果一门语言有问题，另一门也会有问题，只不过每种语言易受影响的方面不同，所以障碍的表现也不同，具体取决于该语言的结构特点。举例来说，学习英语的儿童在学习动词变体的时候经常会出现错误，尤其是动词过去式的变化（例如，孩子将"he walked"说成"he walk"）。在西班牙语和意大利语中，情况有很大不同。因为这两种语言的动词结尾在语法中有更重要的地位，所以即使儿童有"特殊语言障碍"一般也不会在动词变体上犯错误。但是，学习这两种语言的儿童有时会在代词上犯错误，因为代词的变化更复杂，所以有时这类错误也是语言障碍的表现。在德语中，词序错误被研究者认为是语言障碍的一个代表性问题。

如果你发现了任何一个"危险信号"，有必要回过头来进行一次更全面的诊断。Genesee 等人指出，就某一语言中出现的障碍而言，双语儿童与该语单语儿童是相似的（比如英语的动词词尾、法语的代词、德语的词序等）。在对有"特殊语言障碍"的法英双语儿童的研究中，他们发现并不存在双语儿童

> 就某一语言而言，双语儿童与单语儿童的障碍是相似的，并不存在双语儿童特有的语言障碍。

特有的语言障碍。不过他们也提醒人们注意，双语儿童某些典型的正常行为经常会被误认为是语言障碍。

正常的双语行为常被误认为语言障碍

首先，我们谈一谈"语言混用"。单语者经常会发现双语儿童混用两种语言的情况。他们由此错误地断定这是双语儿童的语言问题。然而我们在第3章中可以看到，双语儿童的这种行为有时是受成年人影响造成的。如果周围的双语成年人就常常在同一对话中转换语言，那么儿童不学着这样做反而是很奇怪的。当然，有些孩子出现一种语言侵入另一种语言的情况也并非是模仿大人。有些侵入是积极的，有些则是消极的。无论怎样，语言混用都不该成为判断语言障碍的唯一依据。

其次，很多双语儿童都有"主导语言"和"非主导语言"的自然倾向，这也常被误认为是不正常的表现。如果儿童的某一语言水平低于正常同龄人，多数是由于接触不足导致的，而非出现了语言障碍。因此，有必要对两门语言都进行评估，或者至少对主导语言进行评估。评估两种语言时不能使用相同的测验内容，但是每个测验都应针对该语言单语者的语言弱点进行测试。

何时寻求帮助

当孩子在家庭或学校里学习语言材料明显慢于同龄人时，就提示我们有必要进行评估测试了。当我们发现孩子表现出单语儿童语言障碍的"危险信号"时，我们就必须寻求帮助了。由于没有专门针对双语儿童的诊断方法，我们要谨慎看待单语的评估结果。有些儿童在语言测试中表现不佳，可能是由于语言接触量不足造成的——这一点对于只能检测非主导语言的儿童来说更要注意。不过，如果孩子语言发育严重迟缓，或者主导语言发展迟缓，千万不要忽视，认为"这都是孩子学了双语造成的"，而不进行及时干预。

语言迟缓通常可以通过语言治疗来克服或减轻。Genesee、Paradis 和 Crago 指出，对一门语言，尤其是主导语言，进行治疗往往对两种语言都能起作用，但是不如对两种语言同时治疗效果好。如果条件允许，最好不要放弃

> 如果孩子语言发育严重迟缓，或者主导语言发展迟缓，千万不要忽视，认为"这都是孩子学了双语造成的"。

任何一种语言，要对双语同时进行干预，否则可能会带来负面的心理影响。

因此，如果儿童语言出现问题，并且听力检测正常，那么家长需要考虑两件事情：

- 孩子的状况是否已经根据我们对双语儿童语言发展的了解得到了恰当的诊断？
- 在确保实现最佳治疗效果方面，第二语言的影响是正面的、负面的，还是中性的？

究竟是否继续学习第二语言，取决于这两个问题的答案。在本章的案例中，很多孩子都被诊断为语言障碍。不过我对其中一些诊断持怀疑态度，还有一些我希望和读者一起分享这些家长的想法。他们中一些人放弃了孩子的第二语言，另一些则在孩子存在语言障碍甚至听力障碍的情况下，选择继续让孩子学习第二语言。

三、对诊断的质疑

曾经有人写信告诉我说，他很后悔自己 15 年前的决定——由于老师认为让孩子只听到一种语言会更好，他便不再和孩子说他的母语。（很多儿科医生在毫无相关专业知识的情况下也会轻易地给出类似的建议。）

案例 21：Alicia——缺乏信心

Alicia 是参与我们研究的一位母亲，她说："如果一切能重来，我绝不会听女儿小学老师的意见而放弃孩子的第二语言。"女儿上小学一年级时，偶尔还是会混淆两种语言中的代词。于是老师下结论说，是孩子的加泰罗尼亚语造成了这种"混乱"，并建议放弃孩子的第二语言。那之后，Alicia 开始主攻语言习得，并获得了语言学学位。她说："要是我当时就了解我现在学到的知识该多好！那样我就不会仅仅因为孩子在 5 岁时出现一点语误就让她放弃加泰罗尼亚语了，那可是真正属于我们家庭的语言！"

Radha 的父母和 Alicia 相似，不过他们更有信心和耐心。一年秋天，Radha 也曾出现过语言问题。Radha 在印度待了一年后返回美国，但是开学的时候她还没有完全调整回英语，所以在学校里，她的英语有些跟不上。老师

> 很多老师和儿科医生在没有相关专业知识的情况下，会轻易地建议家长放弃孩子的第二语言。

建议家长在家不要跟 Radha 说泰米尔语，以改变她从泰米尔语向英语翻译的习惯。同时，老师还建议让 Radha 复读一年，而当时孩子在印度已经上更高的年级了。不过，Radha 父母没有妥协，他们觉得学校应该多些耐心，孩子的英语水平很快就会恢复到从前的水平。果然，到当年感恩节时，孩子的英语已经没有任何问题了。

案例 22：Marcia M.

Marcia 一家的家庭语言是法语和西班牙语。7 岁时，Marcia 在学习复杂的英语语音时遇到了困难。不过她的父母并没有放弃家庭语言，而是送她去进行语音训练。经过一段时间的语言矫正，她的问题得到了解决。现在 Marcia 已经成年了，如今在一家跨国出版公司里任职。她说自己能得到现在这份工作主要得益于她会三门语言。

案例 23：Koster 一家——是否该忽略别人的提醒？

Koster 夫妇和女儿 Elena 讲波兰语和意大利语。这两门语言都是他们的母语。他们还让孩子通过学校及社区学习英语。曾有两所学校的老师跟他们反映说，Elena 的英语进步缓慢，落后于同龄人，建议他们只和孩子说英语。不过，Koster 夫妇并没有理会老师的劝告，因为他们觉得老师对于 Elena 这样的三语儿童并没有什么经验。

Elena 四岁的时候，父母带她到一位心理学家那里进行测试。结果让他们十分吃惊——孩子在语言和其他很多方面都落后于同龄水平。她在组织语言以及构思句子方面都有困难，说话不流畅，很难表达自己的想法或是理解别人的意思。Koster 夫妇听从了心理学家的建议，调整了和女儿交流的方式，其中最困难的莫过于放弃对她说母语。一两年后，Elena 的情况有了很大改观。语言治疗师在对孩子进行训练的同时，也教给父母一些可以和孩子互动的活动。后来 Elena 升入一所小班制教学且注重因材施教的私立小学。到一年级结束时，孩子取得了非常大的进步。

我们都无法得知，问题的关键究竟是不是 Elena 的另外两门语言，如果当初使用另一套治疗方案，是否能在治疗的同时保留孩子的另外两门语言。不过在纽约这个城市也的确很难找到能同时应付三门语言的治疗师，特别是能应付波兰语的。

尽管加拿大的三位学者认为，放弃一门语言很少能达到"治疗"效果，但家长必须要衡量第二语言对他们和孩子来说究竟值得付出多少努力。虽然 Koster 夫妇对孩子无法继承他们的语言感到遗憾，但是在纽约生活的 Elena 也没有说波兰语和意大利语的迫切需要。一家人回国短暂探亲时，要么可以让亲戚跟孩子说英语，要么父母为她翻译。不过，Elena 倒是能和当地的孩子一起玩儿，能和他们用当地语言进行最基本的交流。现在 Elena 已经 9 岁了，她对自己的语言能力十分乐观，很为自己会说波兰语和意大利语感到骄傲，虽然她只是掌握了一点皮毛而已。

案例 24：Kathryn 和 Leon——保留两种语言

对于 Kathryn 和 Leon 8 岁的儿子 Kurt 来说，情况又有所不同。Kathryn 和 Leon 都是美国新英格兰大学城的德国留学生。在家里，他们夫妇之间及和三个孩子（分别为 8 岁、4 岁和 2 岁）之间都说德语，并且当地还有很多说双语的德国朋友。毕业后他们很可能带着孩子一起回国，让孩子在德国继续上学。

他们刚到美国的时候，Kurt 才 4 岁，当时谁都没有发现任何问题。他和其他孩子玩儿得很好，而且玩儿的时候也能和别人非常有效地交流。不过上了幼儿园以后，老师发现 Kurt 与其他外国学生相比遇到了更多的困难，父母也发现孩子的德语语法水平落后于在德国的同龄儿童。于是，老师建议 Kurt 利用课余时间参加"英语作为外语学习"的精华课程，这样不会中断孩子在原来班级的学习。接下来的一年中，Kurt 每周都会去参加两次小班课程。经过学习，Kurt 的问题已经得到改善。

当 Kathryn 回顾家族历史时，她发现丈夫的家族中，甚至包括她丈夫在内，都曾在 10 岁以上德国学生必修的英语和拉丁语课程上碰到困难。于是她觉得即使 Kurt 在德国的话，碰到第二或第三语言的问题也不足为奇。尽管对于 Kurt 来说学习英语十分辛苦，他仍然很感激能来到美国并有机会在美国学习英语。无论放弃哪一门语言对整个家庭和 Kurt 自身来说都是异常艰难的决定——放弃德语意味着回到德国后三个孩子都会面临语言问题，放弃英语等于切断了孩子们和当地社会及教育领域的联系。幸运的是，Kurt 参加的课程解决了他的语言问题,他最终和其他家庭成员一样成了双语使用者。

案例 25:Malcolm——疑似阅读障碍患者

Malcolm 一家从英国移民到加拿大魁北克。按照当地要求,孩子进入了法语学校学习(参见第 5 章案例 11,Malcolm 是 Gretchen 的哥哥),但是 Malcolm 并没有像妹妹 Gretchen 那样顺利。Malcolm 在法语中学的各个科目都举步维艰,他甚至向法院申诉调到了一所英语学校。不过他在学习上依然障碍重重,最后只好又被退回原来的法语学校。时至今日,Malcolm 已经成年了,但是他的法语仍然是个问题,他的英语也没好多少。根据 Gretchen 的描述,Malcolm 很可能有阅读障碍。无论学习哪门语言,他都需要更多情感型的教学,可事实上他从没得到过。

> 阅读障碍患者需要更多情感型教学。

案例 26:Lisa Potter——成功克服双语阅读障碍

Lisa 比 Malcolm 幸运——虽然被诊断为阅读障碍,但她参加的双语训练项目利用了她两种语言的优势来弥补劣势。Lisa 有着美国家庭背景,还在波士顿参加了一个英语—西班牙语的双语沉浸式项目。她的父母都曾是国际和平组织的成员。他们认为孩子应该了解多种语言和文化,并且认为多懂一种语言会增加孩子在国外工作的机会。同时,他们知道孩子越早学习语言越好,所以希望孩子能在上高中前就学习第二语言。不过,Lisa 的父亲有阅读障碍,他担心第二语言会加重孩子的负担,而且他们也不清楚外语课程的设计是否够灵活,是否能够照顾不同孩子的学习方式。

实际上,Potter 夫妇是费了好大劲儿才发现孩子有学习困难的。Lisa 很聪明,爱读书,又经常得到表扬,所以表面上她毫无"阅读障碍"迹象。不过,令 Potter 夫妇担心的事情发生了:孩子的西班牙语是一些在国外接受培训而且上了年纪的老师教的,所以教学方法比较传统。有些老师忽视了 Lisa 的问题,只是一味让她阅读却不进行辅导;还有的老师非常严厉,当 Lisa 回答不上来时甚至会惩罚她。因此,学校的课程给孩子带来了巨大压力,父母也考虑让 Lisa 转校。但是学校校长对 Lisa 的情况十分关注,尽管学校并没有针对阅读障碍儿童的特殊课程项目,但还是给她单独制订了一套学习方案。Lisa 被换到另一间教室,英语课的时候有一名助教对她进行英语阅读的系统训练。

与此同时她仍然像以前一样上其他科目的课。渐渐地，老师发现她答不出问题并不是因为懒惰或是想和老师作对，而且一旦给予她合适的学习材料和方法，她的紧张感很快就会消失，也恢复了从前的自信和快乐。当她克服了阅读障碍后，又回到了自己原来的班级，和熟悉的同学们一起上课了。

Potter 夫妇无法负担私立学校高昂的测评费用，但他们发现私人语言治疗师的服务性价比更高。当 Lisa 出现问题时，若是等待学校的专门评估要轮候 15 个月。可 Potter 夫妇等不了那么久，他们希望马上对孩子进行评估，不然问题会越拖越严重。他们找来的私人语言治疗师推荐了一个方法，比学校的方案更加系统，更注重多感官的综合使用。尽管父母没有找到针对阅读障碍的西班牙语学习材料，不过通过英语材料的训练，Lisa 能够把相应的策略应用在西班牙语上。老师也调整了她的作业形式，让她更多地利用更擅长的口语能力而不是写作能力来完成作业。

> 通过私人语言治疗师进行有针对性的治疗，并继续在双语沉浸式项目中学习。

这样一来，Lisa 既可以继续学校的课程，又能参加这些对她很有帮助的项目。另外，放学后的戏剧课以及女童子军活动也都使用双语。第二年夏天将有一个西班牙语家庭宿营活动，是由学校的学生家长组织的，Lisa 和父母都希望能有机会参加。现在，全家人都融入了这个学校团体。这个群体重视和倡导两种文化的平等，也反映了目前学校学生的构成——一半来自英语文化，另一半来自西班牙语文化。Lisa 的母亲 Mary 说，自己当时上高中时只有少数西班牙语背景的同学，其他人也都只想着让他们融入美国人的圈子，不像现在，她很喜欢和孩子同学的家长交朋友，他们还鼓励她在家也多和 Lisa 说西班牙语。不过每当她这么做的时候，Lisa 总是嫌她口音太重而不屑于和她讲西班牙语。

Mary 觉得这所学校最大的好处之一就是让她自己也捡回了一些西班牙语。如果不是由于 Lisa 的双语，整个家庭就没有机会融入这个文化。

Lisa 对她在语言上的"特殊能力"非常自豪。学校的氛围令她感到很舒服，班上同学都把她当成朋友。Lisa 的父母并没有因为她暂时出现困难而中止她的外语学习，而是尽全力让她留在沉浸式双语学校。这既是父母所希望的，也是 Lisa 自己想要的。

案例 27：Allegra——放弃第一语言

Allegra 一家也参加了迈阿密大学的研究，可惜在孩子 5 岁时他们不得不放弃了双语培养。当时 Allegra 被诊断为罕见的进行性感觉神经性耳聋。对病情的诊断被一再延误，发现问题时她的英语已经远远落后于同龄人了。Allegra 需要付出四倍的努力才能达到正常英语单语儿童的程度。她不得不弥补三年来落后的语言发展。

Allegra 的父母都是研究生毕业。父亲是美国人，曾在学校里学过西班牙语。母亲是美国和古巴混血，本身就是两种语言能力十分均衡的双语者。在家里他们主要说西班牙语，因此 Allegra 到两岁时掌握的词汇几乎都是西班牙语。当时她的语言水平被测定为"普通"。不过我们觉得对她来说有些低，毕竟她的父母受教育程度都很高。Allegra 两岁时她的弟弟出生了，父母把她送到了一所说英语的学前班里。那时候 Allegra 仍然用西班牙语和父母交流，但是一换成英语就听不清她在说什么——尽管她貌似说话很流利，却没有一个词能让人听懂。Allegra 母亲的侄子和侄女从西班牙语为主到西班牙语—英语并用的转换都很成功，所以她觉得 Allegra 可能出现了问题。她带 Allegra 做了听力检查，医生给孩子的耳朵植入了导管，但她的语言问题依然如故。

Allegra 两岁时听力开始严重下降。不过我们即使听她两岁前的录音带也能发现她的问题已经非常明显了。其中一个标志是她的声音。录音中她的嗓音低沉且带有呼吸声。另外，在她和研究助理 Vanessa 一起时，我们可以听见有人在旁边不停责备，比如："Vanessa 和你说话时，你应该看着她。""Vanessa 和你说再见的时候，你也应该说再见。"

其实，之所以花了一番功夫才发现 Allegra 的问题，是因为孩子一直能用一些简单的西班牙语交流。虽然她的西班牙语在 2 岁左右就停滞不前，但至少她有一段时间还能用仅存的听力和其他人对话（不过她的听力水平已经不足以让她继续学习语言）。直到两年后，她才终于装上了助听器，继续学习语言。不过此时，父母觉得她已经没有足够的时间学习两门语言了，因为助听器提供的听力只够她缓慢地学习社区语言。Allegra 10 岁左右时，母语学习的大门最终对她永远关闭了。

案例 28：Javier 和 Corrine——在听力存在问题的情况下学习双语

面对同样的情况，有些父母会采取不同的做法。Javier 和妻子 Corrine 非常希望孩子 Sonia 学会他们的母语西班牙语和荷兰语，于是他们决定帮助女儿在患有先天听觉神经病变的情况下成为三语使用者。这种罕见的听觉障碍会影响声音信号从内耳到大脑的传递。这种患者的听力测试结果也有可能显示正常，但是即便他们能够听到纯粹的声音，也无法理解言语。他们听到的声音会逐渐减弱。这种神经病变是非常严重的听力损害，但是没有 Allegra 几乎完全丧失听力严重。

Javier 夫妇很清楚，Sonia 三门语言的学习不会像正常儿童那样顺利。不过他们乐于付出更多的努力，维系孩子与父母本族文化最直接的联系。对他们夫妇来说，本族文化比他们所处的新泽西州小城的美国文化更有意义。Javier 十几岁的时候开始了解和融入父辈的阿根廷文化。他去过几次阿根廷，每次都感到非常亲切。尽管从小在美国长大，但是他觉得"美国人"只是他的第二身份。

Sonia 还很小，不过她 3 岁时已经能说一些荷兰语（母亲的母语）单词了。同时，父亲用他自己发明的"提示话语"系统来帮助 Sonia 学习西班牙语，也取得了一些成效。无论 Sonia 在学几门语言，都很难给她找到一个合适的学校，但父母都希望 Sonia 能在学校学英语，在家和父母继续使用本族语言，以此给她提供课业支持，满足额外的听力训练要求。目前看来，尽管孩子偶尔出现听力障碍，但还是能够用正常的说话声音进行交流，但是我们无法预测她未来在句法和语义方面是否存在一定的发展限度。

案例 29：Sebastian——双耳植入人造耳蜗

Sebastian 的父母都是德国人，他们也非常希望孩子能够掌握双语。虽然英语并不是他们的母语，但他们认为学习双语、了解两种文化对孩子将来的发展会起到非常重要的作用。他们雇了说英语的帮工，还把大儿子送到了英语教学的国际学校读书，直到他的英语说得非常流利。Sebastian 是他们的第二个儿子，不幸的是他在 5 个月大的时候患上了脑膜炎，从此失去了听力。起初，父母觉得他无法再学习双语了。后来孩子 11 个月大的时候，双耳植入了人造耳蜗，父母很快就发现他开始在德语学习上有所进步，于是他们找到一个双语语言治疗师，并开始训练孩子的英语语音。他们培养 Sebastian 的方式和第一个孩子没什么区别，只是更加谨慎和细致。父母负责孩子的德语，祖母负责英语，而且 Sebastian 也被送到了国际学校学习。

> 在母亲的悉心培养下，Sebastian 的英语居然比两个听力正常的哥哥说得还要好。

我看过治疗师给 5 岁的 Sebastian 拍的录像。当时 Sebastian 正在和两个哥哥一起模仿一个摇滚歌星唱歌，手上好像在弹着吉他一样，玩儿得特别开心。这段录像是在德国拍的，不过三个男孩儿说的都是英语。有趣的是，Sebastian 的英语居然比两个听力正常的哥哥说得还要好。治疗师猜想也许因为他更有语言学习天赋，也可能是因为他曾患有脑膜炎，所以父母对他的教导格外细致，并且更加严格地遵照双语培养的规律。另外，治疗师也了解到 Sebastian 的母亲是一名学前教师，特别擅长和小孩子打交道，所以她的话常常可以引起孩子们更多的回应。

四、做出正确的决定

有时，在我们听到别人的建议后，真的很难决定究竟是该听从还是只礼貌地说声谢谢。作为父母，我们也经常会对自己的培养方式存在疑惑。其实这很正常，因为我们只有在 15～20 年以后才知道培养的结果到底如何。因此，有时坚定信念和固执己见只是一步之遥。尽管从经验来看，多数情况下都会向好的一面发展，但是我们必须保持警惕，一旦出现问题征兆，我们必须做出改变。

> 双语儿童语言障碍与认知障碍的治疗既是科学也是艺术。

双语儿童语言障碍与认知障碍的治疗既是科学也是艺术。很多人自认为有资格给别人提出语言方面的建议——尤其是教师和儿科医生——通常并不具备双语发展领域专业知识，甚至会存在很多误解。同时具备双语发展与双语障碍知识的治疗师数量也非常有限。即使有这样的治疗师，Genesee 和他的同事也认为他们"具备的知识不足"，因此有时也需要借助自己的"诊断直觉"。不过如果他们的直觉是从大量双语语言障碍儿童诊治经验中获得的，他们会更加敏锐，对双语儿童的语言发育状况也会把握得更为精准。

即便出现了语言或其他方面的问题，童年学习双语的好处仍然很多，而负面影响的大小则是因人而异的。正如 Genesee 等人所说，只有在极少的情况下，放弃一门语言（尤其是第一语言）才能解决儿童的语言问题。通常儿童会因此失去最有效的帮助来源。不过也不能完全否定以下这种可能性——孩子的语言障碍使得双语学习带来的负面影响超过了益处，这时家长就需要重新考虑自己的做法和策略。

如果孩子学习第一语言已然障碍重重，那么学习第二（第三）语言势必面临更多困难。与孩子要面临的困难和挫折相比，这些弱势语言在生活中的实际价值恐怕非常有限。再者，寻找语言治疗中要用到的训练资源也颇为不易。既然父母已经融入他们母语的群体了，他们完全可以起到纽带作用，帮助孩子了解自己的文化以及和其他亲属交流。

综合考虑以上因素，儿童和家庭的幸福才是最重要的，不是实现双语目标。不过这两者通常是并行不悖，可以同时实现的——孩子成长过程中，你完全可以用两种语言来安慰他，建立他的自信，培养独立精神等。不过，如果你真的必须在第二语言与孩子的幸福之间做出选择，那么孩子的健康和幸福永远胜过第二语言。

> 如果你真的必须在第二语言与孩子的幸福之间做出选择，那么孩子的健康和幸福永远胜过第二语言。

第 7 章
单双语儿童的差异对比研究

你或许听人说过，或许自己就有这样的疑虑：学习两种语言会给孩子带来负面影响。截至目前为止，我听家长最常提到的一个顾虑是，过早学习第二语言会阻碍第一语言的发展。而紧随其后的一个普遍的担心是，学习两种语言、融入两种文化会导致对自我身份认同的困惑。身份认同问题我将在第 8 章专门讨论。本章我将用科学研究证据解开家长们关于双语培养利弊的常见疑问。

- 双语儿童学习语言会更慢吗？双语儿童与单语儿童在语言发展进程上有何不同？
- 从一出生就接触两种语言会更好吗？如果上学后才开始学习强势语言，儿童在两门语言中的表现会更好还是更差？
- 两种语言的关系是相互叠加还是此消彼长？
- 标准化语言测试能体现出双语者和单语者的哪些区别？

关于这些问题，我可以先给出简要的回答：

- 双语者学习语言并不会更慢。与同龄的单语儿童相比，双语儿童达到各个语言进程的时间要么相同，要么更早。
- 不需要一出生就学习两门语言，但是这样做效果会更好。如果儿童等到上学后才开始学习强势语言,那么在此之前他们的弱势语言会学得更好。不过从长期来看,强势语言的发展并不会受到影响。

- 儿童的两门语言是叠加的关系,而非此消彼长。但我们必须注意避免一门语言(通常是强势语言)制约另一门语言的情况出现。
- 目前还没有针对双语者的标准化语言测试,也就是说现有的所有测试都不完全适用于双语者。然而我们仍然可以从有限的测试中提取数据,得出关于双语发展的一些结论。

本章将详细阐述上述答案背后的科学依据。

一、双语儿童的语言发展是更慢、更快，还是相同？

Lucia 是参与我们调查的一位母亲，她曾气愤地说："我读过很多双语方面的书籍和文章，它们的说法千差万别，我真的非常困惑！究竟有没有一个科学的研究结论能清楚地告诉我们，双语培养究竟是好还是坏，好处和坏处分别是什么。我十分希望看到这样的研究。"

很抱歉地说，Lucia 希望看到的研究并不存在，原因不难理解。因为我们无法只通过一个实验就"清楚地"证明双语培养在千差万别的情况下究竟是好是坏。对于某一特定的儿童来说，我们无法用单语和双语分别培养一次来对比结果。这其中蕴含着两个问题：1）双语儿童与单语儿童相比在语言及学业方面的表现是更好还是更差？ 2）双语是造成差异的原因吗？要想科学地证明双语儿童比单语儿童更有优势，而且还是由于双语带来了这些优势，这种实验是做不了的。

如果要设计对比实验来证明某些个体或群体的儿童的语言发展速度与双语培养有联系，这样的实验相对容易一些：我们可以设立对比组，将他们的语言发展程度与语言数量关联起来。但是，若要证明双语培养是产生差异的原因，则要困难许多。

即便我们发现双语儿童在所有方面都强于单语儿童，我们也很难说这全都是双语带来的结果。因为我们很难排除其他因素，比如双语儿童接受的学校教育可能更好，他们的家庭可能给孩子提供更多的资源和支持。另外，家长为了同时教孩子两门语言，很可能和孩子相处的时间更长。如果真能保证每个家庭都有同样的背景和学习资源，那么我们会发现，差异并非源于语言本身，而是源于家长对双语儿童额外的付出与关怀。

> 同样家庭背景和学习资源条件下，单双语儿童的差异并非源于语言本身，而是源于家长对双语儿童额外的付出与关怀。

缺少严格意义上的实验研究

在医学研究中，实验设计极为关键。举例来说，当科研人员想要测试一种新药物对癌症的疗效时，他们不仅要证明用药后病情好转，还要保证排除一切其他因素。"用药与否"必须是整个实验的唯一变量。实验对象会被随机分为两组，实验组用的是药物，而对照组用的是"糖丸"安慰剂。"糖丸"的外观和味道与真正的药物完全一致，以避免对对照组产生心理影响。真正的实验设计中最关键的因素在于随机分配。如果实验中有其他因素会对结果产生影响，那么这些因素必须尽可能地在两组中平均分配，就像抽签一样随机分到两组中。如果一段时间后，服用实验药物的那组患者病情好转更多，则可以说"该实验药物可能是造成差异的原因"。

但是我们恐怕无法在医院的新生儿室，随机将婴儿分配到"双语组"或"单语组"。哪怕真的存在这种实验条件，我们也无法保证这两组婴儿在接下来的15～20年中除了语言数量不同外，其他因素都毫无差别。因此，严格意义上来说，对比双语儿童培养和单语儿童培养的实验研究以前不曾有过，未来也不会出现。

> 严格对比双语儿童和单语儿童培养的实验研究以前不曾有过，未来也不会出现。

替代性研究

尽管上述实验无法进行，但并不意味着我们完全无法比较单语和双语儿童。我们仍然可以在相对短的时间内将两组儿童进行对比，并且尽全力保证两组儿童的其他情况一致。在科学研究中，这种实验设计被称为"准实验设计"。换句话说，虽然我们不能百分之百地得出一个确凿的结论，但是可以综观相关研究，看看它们得出的结论方向是否一致。

语言发展进程方面的证据

即使是强烈支持双语培养的人也可能对儿童的语言发展存在误解，认为同时掌握两门语言会比只学一门或一次只学一门语言慢一些。实际上，许多有关儿童早期发展的研究否认了这个观点。无论儿童说什么语言、说几门语言、出生在哪个国家，他们的语言发展进程总是非常相似的。如同学习走路一般，所有的孩子都会在相似的时间说出第一批音节、第一批词、第一批双词组合。出现的时间和前后间隔也是具有普遍性的。由于世界各地的父母都很关注这几个重要变化，因此我们掌握了大量个体和不同群体的情况。每个里程碑之间会有大约6个月的间隔期——在儿童6个月左右会出现成熟的咿呀学语，12个月左右会说出第一批词，18个月左右可以说出双词组合。

> 无论儿童说什么语言、说几门语言、出生在哪个国家，他们的语言发展进程总是非常相似的。

不过，这些平均年龄的浮动范围是非常大的，说出第一批词的时间提前或延后 5 个月都属正常，而说出第一批词组或双词句的时间可前后浮动各 6 个月。因此，尽管世界各地的数据指向一致，但个体间的巨大差异也属正常。因此，当你拿自己的孩子与邻居家的孩子对比时，会感觉语言发展进程完全不一致。一个正常的儿童可能 8 个月也可能 16 个月说出第一个可辨识的词。我曾见过语言发展较早的儿童，7 个月的时候就能说出一两个词了，也有些很聪明的孩子则到 17 个月才开始说话，而实际上有些语言发育正常的孩子可能开口更晚。不过家长最好还是和更具普遍性的语言发育时间表进行对照。比如 10 个月大的孩子如果仍然只会发出类似 /a/ 或 /i/ 的元音，而不会说任何像 /b/ 或 /d/ 这样的辅音，那么有必要带孩子检查一下听力，超过 17 个月仍然没说出第一个词（包括手势语）的孩子亦然。

因此单语儿童或双语儿童各自群体内的个体差异已经很大，若想对比两者则更加困难，但是单、双语儿童之间的差异不会比各自群体内的差异更大。事实上，已经有很多双语儿童接受过语言测试，他们的语言发展都在正常范围之内。

> 单、双语儿童之间的差异不会比各自群体内的差异更大。

咿呀学语成熟期

这个里程碑指的是婴儿从类似元音为主的发音突然转变到发出元音辅音搭配（比如 /ba/ /dada/ /ada/）。无论孩子输入的是哪种或哪些语言，无论他们最终说哪种语言，在这个阶段所有孩子发出的声音都是大同小异的。心理学家 Kimbrough Oller 及其同事发现，这个阶段一般在婴儿 5～8 个月时出现。如果到 11 个月婴儿仍未发展到这个阶段，那么可能是某些神经性发育迟缓的初显症状。

在 Oller 的研究中他们比较了 30 名单语儿童和 20 名双语儿童。两组儿童进入咿呀学语成熟期的平均年龄分别为 27.3 周和 26.7 周。双语儿童比单语儿童平均早 4 天。4 天的差距并不能说明单语儿童发展迟缓，不过显然证明了双语儿童语言发展并不慢。

单词期

与之类似的关注婴儿早期词汇的研究表明，说同种语言的双语儿童和单儿童开始说单词的时间相同。单语宝宝和双语宝宝都有可能在 10 个月大的时

> 说同一种语言的双语儿童和单语儿童最开始说单词的时间相同。

候说出第一个词，也可能晚于17个月才说。迈阿密大学婴儿研究与加拿大学者Doyle、Champagne和Segalowitz很早之前进行的研究，以及最近Laura Petitto和她Dartmouth实验室的研究一致表明：单语儿童和双语儿童说出第一个词的年龄在相同的时间范围内。

语法的早期发展：双词期

在儿童早期的语法发展方面，由于缺乏对不同语言单语者足够的研究数据支持，我们很难进行比较，因此我们对这个阶段整体情况的了解还不够深入。我们能找到的依据都是之前针对儿童及其语言结构的研究。儿童说出双词结构的平均年龄在19个月左右。这里说的双词组合是像"大曲奇"或是"找妈妈"这类由两个词合成的短语。即便孩子超过24个月还不会把两个词放在一起说，这也不算是什么危险信号。尽管尚没有研究能够获得大量父母对婴儿早期言语的记录，但是大量的文献综述，比如Lindholm（1980）、de Houwer（1995），以及Genesee、Paradis和Crago（2005）等都得出相似的结论，认为双语儿童学习不同语法结构的速度以及语言发展的阶段和单语儿童都非常相近。就我所知，虽然有人说双语儿童的双词期[①]来得比单语儿童晚，但目前还没有任何研究通过严格控制变量的对比实验证明过这一点。

因此在这个领域，从语音系统到语法的早期研究方法仍然是比较粗放的。尽管孩子成长的文化环境存在巨大差异，但他们不同的语言系统似乎都在同一时间趋向成熟。

其他语言发展进程的相关证据

其他方面的语言发展进程虽然不及前几项重要，但是同样可以证明双语儿童和单语儿童的语言发展是一致的。

辨认母语

研究者发现新生儿最初的语言能力中有一项是能够辨识出他们在母亲子宫里听到的语言。有多种方法可以检验婴儿听到的声音，但原则都是一致的，

> 儿童说出双词结构的平均年龄在19个月左右，但即便超过24个月还未说出双词也不是危险信号。

[①] 这里的"双词期"是指儿童初步运用语法输出的双词组合，而不是儿童机械重复父母常说的某个双词短语。

即婴儿对一种声音产生厌倦。发出第一声后，婴儿会稍微关注一下，然后就失去了兴趣。如果再次发出相同的声音，婴儿会自顾自地发出类似"ho-hum"的声音，不会做出回应。如果此时发出不同的声音，他会重新活跃起来，看看有什么新鲜的东西。不同年龄婴儿的反应是不同的。当他们还在子宫里的时候，研究者通过插向子宫壁旁边的一个麦克风向胎儿发出两种不同的语言，再通过测量胎心变化来看胎儿的反应。宝宝出生之后，研究者们会采用多种方法，比如监测婴儿吮吸的速度、视线的转移，以及心跳变化等。

在20世纪90年代早期，Moon和同事的研究显示，如果婴儿的母语和其他某种语言的句子节奏韵律不同，那么出生才两天的宝宝就可以分辨这两种语言的声音。在这个小型研究项目里，婴儿可以将英语—法语、英语—日语区分开来，因为每组中两种语言分别有不同的节奏，但是他们无法区分英语和荷兰语，因为这两种语言的韵律非常相似。到5个月大的时候，母语为英语的婴儿也能够区分英语和荷兰语了。同样年龄的双语婴儿（加泰罗尼亚语—西班牙语）既可以在他们的两门母语之间做出辨别，又能区分母语和其他语言。

学习母语的语音差异

双语儿童和单语儿童母语语音差异的学习历程是一致的。学习母语的发音系统其实是对一些形成对比的重要音素的学习。一旦知道了这点，婴儿就开始忽略那些母语中用不到的语音差异。

根据英属哥伦比亚大学学者Janet Werker的一项著名实验，婴儿6个月大的时候是"全语音听者"（univeral listener），他们对所有的语音差异都怀有同等的兴趣，有些声音差异连他们的父母都听不出来。到12个月大的时候，婴儿对此有了选择性，开始忽略一些平时接触的语言里没有出现的语音差异，但依然会对母语中的语音区别做出反应。所以，当你发出成对的声音时，6个月大的日本婴儿能辨别出后面接 /r/ 的 /r/ 音和后面接 /l/ 的 /r/ 音是不同的声音，但是到12个月大的时候他们就将其看成是一种声音了，因为在日语里这两个音是同一个语音的变体。

这个实验已被研究人员在双语者身上以不同的方式试验过很多次。比如加泰罗尼亚语中有两个 /e/ 音，大致上类似英语单词"bait"和"bet"中元音

6个月大的婴儿对所有语音差异都有兴趣，12个月大时开始选择性忽略母语中没有的语音差异。

的发音区别，但在西班牙语里这两个音是一样的。在一项由加泰罗尼亚语单语者、西班牙语单语者和加泰罗尼亚语—西班牙语双语者参加的语音差异实验中，三组 4 个月大的婴儿都能辨认出这两个是不同的声音，而 12 个月大的西班牙语单语儿童就将其看成了同一个声音，另外两组（加泰罗尼亚语单语儿童和加泰罗尼亚语—西班牙语双语儿童）能继续区分这两个语音。

加拿大研究者测试了法语—英语双语者之后发现了同样的结论，但这个实验比上面那个要更加复杂，因为实验测试的语音差异更加复杂。同一个音在两种语言里有不同的理解，比如法语 /p/ 音和英语 /b/ 音在实验室设备测量时被证明是同一个音，但在法语和英语里又以不同的方式运作。在法语中，法语 /p/ 音或英语 /b/ 音与法语 /b/ 音做比较，这组语音的对比对法语使用者来说很简单，但在英语使用者听起来都是英语 /b/ 音。同样的情况也出现在法语 /p/ 音或英语 /b/ 音与英语 /p/ 音的对比中。法语使用者听这组音的时候觉得都是法语 /p/ 音。因此，双语使用者需要能够对同一个音在不同语言里的理解进行转换，说英语时听出是 /b/ 音，说法语时知道是 /p/ 音。

在这项实验中，12 个月的法语宝宝无法区分英语 /p/ 音和英语 /b/ 音，同样 12 个月的英语宝宝也无法辨别法语 /p/ 音和法语 /b/ 音。而 12 个月大的双语儿童却可以分辨这两对语音的差异，到 14 个月大的时候再测试，他们仍然可以区分，但是只有一小部分孩子能够做到了。当研究者们进一步在组内观察个体时，他们发现婴儿有两种不同的反应模式：其中半数的双语儿童可以辨别其中一对语音差异，而另一半的双语儿童可以成功区分两对语音差异。

我们在此看到的语音主导模式发展到婴儿 1 岁时便结束了，这使得对双语儿童组的测量变得困难。人们可能会判定说，双语儿童的语音主导模式发展得更慢，但实际上，并不是他们这个技能发展得慢，而是我们对他们这项技能的测量方法和准确度上发展得慢。两种反应模式使得实验结果的数据被平衡了，因此小组平均水平不能准确反映出其中任何一种反应模式。事实是双语儿童这组里有的个体和单语儿童发展得一样好，其他一些双语儿童的语音主导模式甚至比单语儿童发展得还要快。但是如果研究者不仔细观察组内差异的话，这组显示出来的整体结果就很可能被解读为双语儿童发展更慢。

利用相近的语音差异学习词汇

在近期的一系列实验研究中，英属哥伦比亚大学的 Janet Werker 和 Chris Fennell 将婴儿的语音学习纳入词汇学习范畴里，观察婴儿何时能够使用他们对于相近的语音差异的知识来学习词汇，比如利用 /b/ 音和 /p/ 音来学习 "bin"（桶）和 "pin"（别针）。研究者用一个正常的或者无意义的单词命名一个物品，然后成组教给婴儿，继而观察婴儿是否能注意到他们交换了成对的物品和名称。例如，在研究的训练阶段，实验人员向宝宝们展示了一段简短的视频，视频里展示了一个星星形状的物品，并称之为 "sug"。在实验的下一个阶段，他们给宝宝展示这个星状物品，但与此同时，他们时而称它为 "sug"，时而换用别的名称，比如 "dib"。这个实验设计是为了观察婴儿在听到物品对应的名称被换成一个不同的 "错误" 的无意义的单词后是否会做出惊讶的反应。

14 个月时，宝宝们似乎可以注意到实验中使用了错误的词来称呼视频里的物品。他们尤其容易辨认一些常见的单音节的真实存在的单词，比如 "ball"（球）或 "star"（星星），他们也能分辨一些实验者编造的难度比较大的单词，比如 "dib" 和 "sug"。Werker 和 Fennell 尝试教给孩子一些只有一个音不同的非真实单词，类似于 "bed" 和 "dead" 的发音区别。他们发现 14 个月大的宝宝无法完成这个任务，但是 17 个月大的单语儿童可以完成。当他们给 17 个月大的双语儿童做同样的实验时，宝宝们没能完成，但他们到 20 个月大的时候就可以了。

这个实验看起来似乎是双语儿童词汇学习过程减慢的具体例证。实验中的双语儿童在使用最小的语音单位的差异来学习词汇的这个方面上比单语儿童慢了 3 个月。这也可能是我们看到的双语者落后于单语者的最早证据。但是，这真的标志着双语培养存在劣势吗？

这会妨碍真实世界里孩子的早期词汇学习吗？婴儿这个阶段的词汇并不是 "bih" 和 "dih"，而是 "juice"（果汁）和 "milk"（牛奶）、"up"（上）和 "down"（下）、"yes"（是）和 "no"（否）。所以，孩子可以在家庭里很好地学习词汇，不必有能力完成前文所述的实验任务。对双语者而言，不要太早搁置以后可能用到的差异类别也许是好事。双语儿童可能在思考："我知道 'bih'

双语儿童早期词汇学习过程相对缓慢可能是一种有益的策略。

和'dih'这两个音对 A 语言来说是两个明显不同的音,但对于 B 语言来说,可能会是一样的。那么我先确定之后再选择要不要忽略这组。因此,这种显而易见的"发展缓慢"或许是一种有益的策略。

语音输出

幼儿倾听和理解说话声音的能力是非凡的,但是他们输出听到的声音的能力却只能算"菜鸟"。他们需要好几年才能准确发出他们听到的声音。直接教的方式在这里似乎没有什么帮助。你可能也像我一样这样试过:

孩子:pishie!

我:是的,那是 fishies。你说一下 fishies?

孩子:pishie

我:fffffff

孩子:fffff

我:ishies

孩子:ishie

我:fffff...isshies

孩子:ffff...ishie

我:很好!那么,那是什么?你看到什么了?

孩子:pishie!

孩子语音的发展(语音对语言发展特别重要),就像他们学会说最开始的几个词一样,这个发展阶段的正常年龄范围是很宽的。3 岁以前,孩子发音能力是没有什么衡量标准的。在迈阿密大学婴儿研究的一项实验里,我们对 36 个月大的孩子在西班牙语和英语方面做了一个标准化语音测试,并在单语和双语两组儿童里进行对比分析。

就孩子能正确发出母语的语音数量而言,单语儿童处于平均范围之内。就像孩子说出最初的词汇的正常时间范围十分宽泛一样,这里正常范围内的孩子也存在巨大差异。有的孩子 3 岁时就能像大人一样标准地说出母语里的所有语音;而其他孩子可能只会正确发出几个最基本的音,如会说 /p/ /d/ 和 /t/,而不会说 /r/ /s/ /th/ 或者 /l/。大家都知道后面这几个音对于学习英语的孩子来说是非常难学的，例如动画片中的这句话："I taught I taw a tat." 这句话里孩子用 /t/ 音来代替 /th/、/s/ 和 /k/ 音，正确说法是 "I thought I saw a cat."（我想我看到了一只猫。）类似地，研究中几乎没有西班牙语儿童能发出单词 "ferrocarril" 中的 "rr"，而且他们也很难发出词尾的辅音，比如西班牙语 "flor"（花）的词尾辅音 /r/。同样在汉语中，/z/ 音很容易被小孩子说成 /d/ 等一些位置相同但发音方式不同的音，从而把"走"说成"抖"等。

实验中双语儿童和单语儿童的表现是一致的。至今没有研究数据表明这两个群体在西班牙语的语音习得上有差异。英语的双语和单语儿童也是这样的。

尚无数据表明，双语儿童与单语儿童的语音习得有差异。

可辨识的表达

迈阿密大学婴儿研究项目还研究了儿童从出生多久之后能清楚地发出母语中特有的音，使听者能辨别出是哪种语言。例如，/p/ 和 /t/ 音在西班牙语、英语中都有，而且发音非常相似；但是有些音如 /r/ 在西班牙语和英语里的发音则相差甚远。

单语儿童的咿呀学语中几乎找不到语言的特有发音。迈阿密大学的硕士研究生 Ana Navarro 在她的毕业论文里使用了"盲测"技术来观察成年双语者是否能在双语儿童的早期词汇里辨认出足够多的语言特有发音，以便能判断孩子在使用哪种语言。此时成人不必理解孩子说的词是什么意思。在"盲测"中，听者只能听到孩子的录音，看不见孩子，也不知道说话的是男孩儿还是女孩儿，是西班牙语、英语还是双语儿童。

Navarro 发现，听者很难听出单语儿童说话时发出的语言特有发音，即便是 26 个月大已经会说少量单词和词组的孩子。在这项实验中，无论孩子的语言背景是什么，人们在理解儿童词汇方面表现得都很糟糕。实验参与者在缺乏语境的录音里理解成人的说话内容不成问题，但对婴儿语言的理解还不足四分之一（注意，实验中选用的发音录音都是清晰的）。在听不懂孩子说出的词汇的情况下，听者很难判断孩子使用的是哪门语言。他们判断的成功率只比随机猜测的成功率高了一点点。10 名西班牙单语儿童中，他们辨别出 6 名（比随机猜测好一些）；10 名英语单语儿童中他们也能辨别出 6 名。这些孩子当时都是26个月大。

实验中的10名双语儿童中有7名能够和听者交流，其中3个孩子只说西班牙语，另3个只说英语，只有一个能用两种语言交流。这意味着她的英语和西班牙语中都有可辨认的语言特有发音。客观来说，研究中的双语儿童和单语儿童的语言发展是一致的，前者并没有领先或落后于后者，但是同时我们要注意到这个一致性是基于他们的某一种语言而言的。

Navarro的实验还说明人们通常认为的"双语儿童语言能力发展迟缓"这个说法存在问题，一部分原因可能是家长比较"迟缓"，而非孩子的问题。因为就算双语儿童的最初几个词发音和单语儿童一样清晰（实验中出现的就是这种情况），双语儿童的家长在无法确认孩子用的是哪种语言的情况下要明白孩子说的是哪些词比单语儿童的家长要难得多。单语儿童的家长预先就知道孩子会用哪种语言跟他们说话，比如婴儿说出的 /apu/ 就是 /apple/ 的一个非常常见的过渡发音。当孩子视线范围内有苹果的时候，英语单语儿童的家长很容易就能明白孩子说的是"苹果"。但是这个发音又非常接近西班牙语里的"arbol"（树）。尤其是大人指着树的图片时，西班牙语儿童就会说 /apu/ 来表示"arbol"。因此如果是一个双语儿童发出 /apu/ 的音，家长很难判断他在用什么语言表达什么意思。我们调查中的一位家长就提到了同样的经历：他非常努力地去听孩子说的法语，却在两周之后意识到孩子一直在用英语说"What's dat?"（那是什么？）。

> 双语儿童的家长在无法确认孩子用的是哪种语言的情况下要明白孩子说的是哪些词比单语儿童的家长要难得多。

这一点可能是"父母分工"策略或"家庭使用弱势语言"策略相比于"混合语言原则"策略的优势之一。前两种策略方便家长预知孩子使用的是哪种语言，因此能更好地理解孩子很小时候说的话。

词汇爆发期

那么，如果双语儿童在前期和单语儿童发展进程一致，他们会在后期落后于单语儿童吗？

20世纪90年代，一种名叫"沟通发展量表"（Communicative Development Inventories，CDI）的新型研究工具出现了。"沟通发展量表"可以通过与标准词汇列表的对照记录儿童在10到30个月内掌握的词汇数量。最初只有意大利语和英语版的"沟通发展量表",但随着人们对这个工具有效性的认识加深,其他语言版本也陆续开发了出来。"量表"这个词让人感觉列表里的内容是详尽无遗的,但实际上并没有必要把孩子说的每个词都记录下来与同龄孩子做比较。

使用"沟通发展量表"时,家长会得到一份列表,上面有大约 500 个常见词汇,都是宝宝经常接触的,包括食品、玩具、动物、身体部位等。家长要对照列表看孩子在 16 个月大时能否理解这些词汇(还说不出),或者 30 个月大时是否能理解并说出词汇。在 1000 多位儿童的反馈信息形成的数据库中,我们可以得知:哪些词是大部分孩子都知道的,不同月龄宝宝词汇量中间水平(第 50 百分位)、较高水平(第 75 和第 90 百分位)、较低水平(第 25 和第 10 百分位)分别是多少。

在"沟通发展量表"的单语儿童样本中,有大约三分之二的儿童在一岁半的时候会出现"词汇爆发期"。在此之前,宝宝的早期词汇只是零散的、孤立的。学会最初的 25 到 50 个词的时候,他们似乎还没有掌握快速学习词汇的普遍规律。而在某个时刻,仿佛"灵光乍现",宝宝们突然意识到每样东西都有名字。他们开始到处转悠,不停地问"这是什么?""这是什么?""这是什么?"。之前的语言缓慢增长期在这时突然进入了"爆发期"。他们会连续好几个月突飞猛进,每个月都学会 20 个以上的词汇。之后儿童会把注意力转向句法的发展上,因此词汇量的增长有所减缓,这时可以认为"词汇爆发期"已经结束。

大多数双语儿童和单语儿童一样,在相同的时间经历"词汇爆发期"。在迈阿密大学婴儿研究中,我们根据 18 名双语儿童从第 10 个月到第 30 个月的词汇学习情况,每两个月绘制一次图表。结果表明,通常情况下双语儿童的两种语言都会有"词汇爆发期",二者可能同时到来,也可能先后到来,但不会只出现在一种语言里。比如,Martin 是我们研究中词汇量最大且增长最快的孩子。他在第 16 个月到第 20 个月之间竟然每个月都以惊人的速度增加了 90 个西班牙语词汇。这个数量是我们判断"词汇爆发期"的标准值的四倍多。不过,虽然他的英语词汇量在此期间也是稳步上升的(居第 50 百分位),但是并没有达到相同的爆发速度,因此还不能算作"爆发"。之后的一段时间

> 大多数双语儿童和单语儿童一样,在相同的时间经历"词汇爆发期"。

> 通常情况下双语儿童的两种语言都会有"词汇爆发期",二者可能同时到来,也可能先后到来。

里，Martin 的西班牙语发展放缓，而英语进入了"词汇爆发期"。

只有当双语儿童的词汇增长速度处在所有孩子的前 15%，并且两门语言的发展速度一致，才能认为他们的两门语言同时进入了"词汇爆发期"。Martin 的词汇增长速度肯定属于前 15% 了，研究中的另外几个孩子也达到了前 25%，但是他们都不能算是双语同时进入"词汇爆发期"。不过他们的词汇增长情况较好，而且处于单语儿童相关指标的正常范围内。

追踪儿童的词汇量增长速度，可以让我们了解学习不同语言的儿童在语言发展方面的重要差异。一项由心理学家 Marilyn Vihman 和她的同事进行的关于法语、英语、瑞典语和日语单语儿童的研究印证了这个观点。研究中，日语单语儿童比其他三种语言的宝宝学会 10 个词的时间要晚一些。探究原因时研究者发现，日语婴儿的词汇要比其他三种语言长，也就是说日语宝宝掌握 10 个词需要学习更多内容。因此发展速度出现差异实际源于语言本身，而不是孩子。所以当我们观察不同语言的学习者时，我们明白了儿童语言发展的差异不一定跟儿童的能力有关，很可能跟他们所学的语言结构本身的差异有关。

早期词汇量

同样地，在追踪双语儿童两种语言词汇量增长情况的时候，我们遇到了一些困难，因为使用同样的测量工具和方法比较双语儿童和单语儿童时出现了问题。其中一个问题是我之前提到过的，同样的标准在不同的语言里有不同的意义；另一个问题是，无论哪种语言，同样的标准并不能准确反映双语者和单语者的对等知识量。

使用"沟通发展量表"看似能够很容易比较双语者英语词汇量和单语者英语词汇量，或者双语者西班牙语词汇量和单语者西班牙语词汇量。根据英语量表和西班牙语量表数出词汇量是很容易的，但是之后呢？怎么进行比较？

词是一组连续发音及相关意义的搭配，但是我们要计算的是什么呢？发音的数量？意义的数量？还是搭配的数量？当孩子将语音"d-o-g"和小动物联系起来的时候，他已经把一个词形"d-o-g"和一个指向这种动物的意义或者概念搭配起来了。如果孩子把发音"dog"和"gǒu"(汉语的"狗")都与这种动物联系起来,这时就有两个词形,但只有一个"真实世界里的物体"(语言学里称为"所指"),那么这种情况与知道两个词形对应两个所指是否等同?比如"dog"搭配"狗"这种动物,"cat"搭配"猫"这种动物。"dog"和"gǒu"的词形和搭配数量都是两个,但是所指少了一个。

对单语者来说,从词汇量可以看出词形、所指和二者搭配的数量;但是对双语者来说,搭配的数量不一定等同于所指的数量。如果你计算的是词形数量,那么你可能高估了他们的所指数量。如果你计算的是所指的数量,就有可能低估了词形数量或搭配数量。除此之外,双语者对"词形"还多了解一层信息,那就是这个词属于哪种语言(单语者没有这方面的意识和知识)。

迈阿密大学婴儿研究中心的一个项目用"沟通发展量表"分别测试孩子的不同语言。他们设计出一种方法计算双语儿童的概念(所指)数量和词形数量,并将双语者的词汇知识与单语者的词汇量进行比较。事实上,我们使用了两个标准词汇列表:一个测试孩子的西班牙语词汇,另一个测试英语词汇。从某种目的上来看,二者分开更好,比如可以帮助我们衡量受试时孩子的哪种语言更强势。但是为了比较双语儿童和单语儿童能说出的真实事物或行为的名称的数量,即"概念词汇总量"(Total Conceptual Vocabulary),我们应该把孩子第二语言里的词汇也计算进来。鉴于两种语言中有些词汇是翻译对等词(translation equivalents, TEs),第二语言中的这些词汇并没有扩大孩子的"概念词汇总量"。因此我们在计算的时候格外小心,这种翻译对等词只计算一次。

"概念词汇总量"相对于只做单语比较来说是一大进步,但这种方法仍然低估了双语者的词汇知识。计算搭配的总量(即把西班牙语"沟通发展量表"测出的词汇量和英语"沟通发展量表"测出的词汇量简单相加之和)存在两个问题。其一,双语者的词形总量是正确的,但是所指的数量未必正确;而且你没有给语言"贴标签",没有明确词汇来自哪门语言。其二,"沟通发展量表"上记录的孩子的词汇总量跟表上列出的标准词汇数紧密相关;单语者只有 500 个词可选,而双语者有 1000 个。我们的解决方法是把所有的信息分开计算:1)词形数量(词汇总量);2)搭配数量;3)所指数量(概念词汇总量);4)英语词汇量;5)西班牙语词汇量。这种统计方法可以体现并记录复杂情况,同时还方便我们更灵活地进行多种比较。

在迈阿密大学婴儿研究中,我们首先确定了当地单语人口的"沟通发展量表"的平均值,这样才能对相似条件下成长的单语和双语儿童进行比较,并以同样的方式来测量。之后我们对比了迈阿密单语儿童小组和双语儿童小组的得分。我们观察了12名10～16个月大的双语儿童的接收性词汇量和25名10～30个月大的双语儿童的表达性词汇量。另外设有两个对比组:一组是英语单语儿童,另一组是西班牙语单语儿童。(不过由于当时没有西班牙语儿童的测试标准,所以后文的图示中没有展示西班牙语单语小组的结果,并且对双语儿童的西班牙语的比较也只是个粗略的结果,仅供参考。)

接收性词汇量的结果如图8所示。双语儿童似乎在接收性或理解性词汇上比对应小组的单语儿童要更胜一筹。单语儿童的英语和双语儿童的西班牙语大概处于第30个百分位(基于英语量表),双语儿童的英语大约在第25个百分位。这几项在数据上都没有显著性差异。但是如果我们计算"概念词汇总量"就会发现双语儿童要高出许多。因此,从接收性词汇来看,双语儿童在辨认周围世界事物所用的概念标签的数量上是要远胜于单语儿童的。

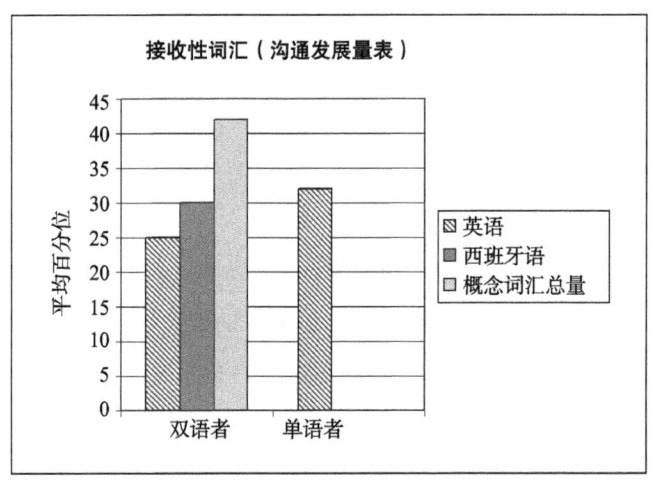

图8 双语者和单语者的接收性词汇比较

如果仅看单一语言,那么每一种语言的单语儿童表达性词汇量都比双语儿童大,但是即便如图9所示,组别间存在较大差距,从统计学来讲,第17

百分位（双语儿童的英语）、第15百分位（双语儿童的西班牙语）和第34百分位（单语儿童的英语）的差异也不算是有显著意义的差异。当我们计算"概念词汇总量"时，就不是只计算一种语言的词汇量了。此时，即便是没有显著意义的差异也消失了，两组的得分其实是相同的。

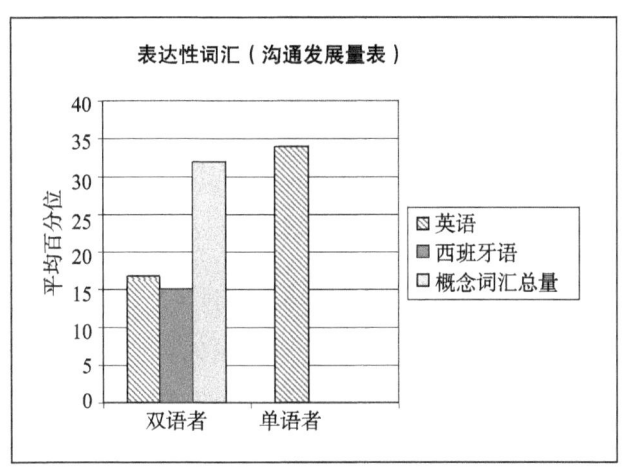

图9 双语者和单语者的表达性词汇比较

用双语者的强势语言进行公平的比较

在迈阿密大学婴儿研究中，我们在比较单语儿童和双语儿童的词汇量时发现，双语儿童在"沟通发展量表"上表现出来的平均分数比两组单语儿童都稍低一些。但是请注意在上文提到的 Ana Navarro 的语音研究中，一些双语儿童以西班牙语为强势语言，另一些以英语为强势语言，所以整组双语儿童分别在英语和西班牙语测试中的平均分数才会由于人为的实验设计显得较低。比如，他们英语测试的平均分其实包括了一些平时很少接触英语的孩子的分数。同样，他们的西班牙语平均分也包括了那些以英语为强势语言而很少说西班牙语的孩子的分数。这些孩子的西班牙语成绩将整组双语儿童的西班牙语得分拉低。我们已经知道，很少有双语儿童是两门语言完全平衡发展的。实验中把他们的强势语言和弱势语言的分数都计算进来，造成大家对双语儿童的实际能力出现了错误的判断。我们必须在进行类似的比较之前，把双语儿童根据强势语言分好组别，因为毕竟这类比较对单语儿童来说测的是他们的强势语言（其实是唯一的语言，所以默认为强势语言）。在一些实验里，比如 Ana Navarro 的实验，当我们根据强势语言分组之后，单语和双语两组间的差距就消失了。

到目前为止，我们重点讨论了儿童早期语言发展以及测量方法中的一些问题。我们最后要探讨的两个领域侧重于儿童的概念认知。也就是说语言的重要性不在于语言本身，而是作为一种途径来体现儿童的概念认知发展水平。在此，重要的是使用最能体现儿童认知水平的语言进行测试，以便我们更多地了解到他们概念认知的发展情况。在这些领域里，双语儿童在他们强势语言的测试中并没有比单语儿童得分低。

> 语言的重要性不在于语言本身，而是作为一种途径来体现儿童的概念认知发展水平。

讲述完整的故事

正如我们在第 2 章里讨论的，5 岁及以下的儿童一直在学习句子的语法。5 岁之后的语言发展更多地与句子之间的衔接有关。成熟的语言使用者会运用自己语言的规律来组织信息形成较长的篇章。这些较长篇幅的语言结构中最重要的一种就是"叙述"：一个发生在过去，有前因后果，包含开头、主体、结尾的完整故事。叙述形式既有普遍性特征，也有语言特有特征。叙述是儿童以及成人认知世界的方式之一。

哈佛心理学家 Jerome Bruner 把叙述中的"行动图景"（landscape of action）和"意识图景"（landscape of consciousness）区分开来，认为两者儿童皆需掌握。孩子们要能够按一定的时间顺序描述一连串的事件，而且不会让听者感到困惑；如果故事中有多个人物，他们要学会用不同的称呼指代不同的人，而不是从始至终称呼每个人都为"他"，这样听众才能明白"谁对谁做了什么"。但是，比对行动本身的描述更重要的是，叙述者必须要让听者对他描述的行动和事件感兴趣。孩子们通过"意识图景"来达到这个目的：他们向听者解释这些人物的动机和对故事事件做出的反应。这种能力奇妙地结合了概念认知发展和语言能力发展。孩子们学着理解他人的想法，尤其是当别人的想法和他们自己的不一样时。孩子们还需要能够使用并理解表达这些想法所需要的复杂语言，比如说"她认为盒子里有彩色蜡笔，但其实里面是糖果"。

有一项在世界范围内进行了 20 多年的研究，通过一个特定的关于"青蛙"的故事来看单语儿童是如何学习在叙述中把事件联系起来的。故事的名字叫《青蛙，你在哪儿？》(Frog, Where Are You?)。这是一本由儿童作家 Mercer Mayer 创作的无字绘本。加州大学伯克利分校的 Dan Slobin 与以色列特拉维夫大学的 Ruth Berman 合作，对 5 岁、7 岁、9 岁、11 岁的儿童以及成年人进行了测试。受试者来自 5 种语言背景，有英语、希伯来语、德语、土耳其语和西班牙语。他们在相似的条件下讲述这本"青蛙"的故事。这项研究的主要研究成果曾在 1994 年出版的一本书中发表。但是研究仍在继续，至今已经有至少 80 个语种的受试者参加了实验，其中包括双语者和三语者。这项研究并没有分数标准，但是 Berman 和 Slobin 的研究让我们很好地了解到人们的表述能力在不同的年龄会发展到什么程度。同时还让我们看到，同一个故事用不同语言讲述时，哪些叙述要素是趋于相同的，哪些又是不同的。

那么双语儿童表现如何呢？在迈阿密大学语言和读写能力研究中，我使用了"青蛙"的故事，对小学阶段的双语儿童在不同日期分别用英语和西班牙语叙述的故事进行了对比。这些双语受试者有着不同的语言背景，但都是经过我们仔细匹配的。之后我们还把他们和同龄的单语儿童比较（小学二年级和五年级）。当我们观察他们讲述的故事是否给听者良好的"意识图景"时，我们发现即使一个孩子的语法能力在两种语言里并不平衡，他分别用两种语言讲述的两个故事在"意识图景"方面也是水平一致的。当我们把双语儿童用强势语言叙述的故事和单语儿童同一语言的故事进行对比时，我们设置了一系列语言要素得分项目，特别是词汇量和单词词尾。在这两个方面，双语儿童的表现有时不如单语儿童，但同时我们也看到，在其他要求更高的叙述要素上，双语儿童与单语儿童不相上下，甚至略胜一筹，比如"对故事人物清晰的指代""事件之间复杂的时间关系""对故事人物想法和欲望的描述"等。

阅读能力

阅读也是各个语言中一项非常独立的重要技能。在不同的国家，人们期待孩子学会阅读的年龄不同。美国的孩子在学前班或者幼儿园开始学字母，在 6 岁上小学一年级的时候开始学习阅读。瑞典的学校里，孩子 7 岁才开始学习阅读。我们之前提到过，阅读能力整体上比说话能力要难，而且很多儿童（以及成人）在阅读上存在一定困难。据估计，大约有 10% 的年幼单语儿童经历着不同程度和形式的"阅读障碍"。

双语儿童又是什么情况呢？目前我们还不清楚双语者的"阅读障碍"发生比例是更高还是更低，尤其是那些学习用双语阅读的人。尽管如此，迈阿密大学语言和读写能力研究的结果显示，单语和双语儿童在小学五年级时并没有表现出阅读成绩方面的差异。另一项重要结论是双语者并没有因为学习两种语言的阅读而产生读写困难。事实上，与只用一种语言阅读相比，双语儿童学习阅读两种语言时表现更好。第 1 章中 Bialystok 的研究也表明，学习两种书写系统的双语儿童在阅读测试中表现更好。

同时学习西班牙语阅读和英语阅读的拉美裔儿童和那些压根不进行西班牙语阅读的孩子相比，在英语阅读方面表现更佳。接受西班牙语教学的孩子比没有这方面输入的孩子在西班牙语上的表现更好，这一点不足为奇。但这些学习双语阅读的孩子得到的巨大回报是他们在英语方面表现也更好了。

我知道很多双语教育项目里学校对某种语言的阅读学习设定了详尽的时间表，而且要间隔至少一年才开始教另一种语言的阅读。我一直想不明白为什么。如果同时介绍两种语言的阅读，孩子能马上在自己已经比较熟悉的那种语言的阅读上得到及时的帮助，同时他们也不会推迟学习另一门语言。

总而言之，对于以上这些语言发展的里程碑，目前尚无确凿的证据证明双语儿童在语言学习方面比相似情况的单语儿童表现更慢。

二、选择双语并行，还是先一语后二语？

从一出生就开始同时学习两种语言好，还是等孩子 5 岁之后在学校开始学第二语言好？这个问题的答案取决于你更在意的是强势语言还是弱势语言。研究中一位名叫 Constance 的家长对强势语言表现出担心：

"如果孩子小的时候我过于强化希腊语，会不会影响他们在学校全英文的学习呢？因为那个时候英语就会是他们全新的一门语言。我是不是应该在家也教英语，免得到时候他们在学校落后？"

家长 Pilar 则担心弱势语言：

"如果我在家就开始教英语，那么孩子的西班牙语水平会不会下降？我是不是该等上学的时候再让他们接触英语比较好？"

对 Constance 的问题，我的答案是"否"；而对 Pilar 的问题，我的答案是"是"。迈阿密大学语言和读写能力研究证明，从出生开始在家双语（英语—西班牙语）并行的孩子和上学前只接触西班牙语的孩子相比，他们的英语水平几乎没有差别，至少在美国是这样的。基于此，家长没有必要在家使用英语。（家长可能有其他动因，但是上面这点不应该成为唯一的理由。）

另一方面，上小学前不在家使用强势语言对孩子弱势语言能力的培养很有好处。正如迈阿密大学语言和读写能力研究所示，学龄前儿童学习强势语言并不是必需的，重要的是当孩子开始接触强势语言以后，不要丢弃弱势语言。

> 学龄前儿童学习强势语言并不是必需的，重要的是当孩子开始接触强势语言以后，不要丢弃弱势语言。

关于何时开始双语的其他顾虑

语言遗忘

关于这点，我回想起有个外交官吹嘘自己孩子学过 7 种语言——不过之后又忘掉了 6 种。年幼的学习者在习得不同语音系统之后似乎一生都不会忘记，但是语言的使用如果没有持续加强的话，却会以惊人的速度退化到只剩一些简单的问候语、亲戚的名字、食物的名称等。即使是成人，如果一段时间不用，到了需要的时候也要花一些时间才能"捡起来"。但是成人（以及大于 10 岁的儿童）如果某种语言说得很好，那么就像骑自行车一样，很多年不骑了还是会骑。3 岁以内的孩子如果转换了语言环境，很可能会在短时间内完全失去这种语言能力，因为这门语言已经"退役"。同样，4 岁儿童也会如此，只不过遗忘速度稍慢一些。另外，如第 5 章中 Olga 指出的那样，父母在子女小时候对他们的语言模式具有完全的控制力。因为孩子还小，正是家长想要训练孩子弱势语言技能的时候，也是家长培养孩子持续使用弱势语言的意愿的阶段。如果这个关键期没把握住，你可能一觉醒来，发现你前三四年苦心培养的成果已经付诸东流。

如何增加一门语言而不折损第一语言

我鼓励培养叠加双语者，就是说在引入第二语言之后继续保证第一语言的持续输入。但我也必须承认，这个观点并不是双行道。也就是说，弱势语言的引入不会影响强势语言，而强势语言的引入会折损弱势语言。因此，如果你增加的是弱势语言，那么第一语言作为强势语言不会被削弱；如果弱势语言没学多久就引入强势语言，或者引入强势语言的同时没有加强对弱势语言的支持，那么弱势语言可能会过早地弱化，甚至还没等强势语言好到有能力代替弱势语言就退化了。

理想情况下，我们并不希望看到一种语言被另一种代替。加拿大学者Wallace Lambert发明了"叠加双语"（additive bilingualism）和"缩减双语"（subtractive bilingualism）这两个术语。在加拿大这个以法语和英语为官方语言的国家或许比较容易看到两种语言平衡发展的情况，但在美国，没有哪种弱势语言能达到英语这样的地位，也没有哪种语言能像英语这样广泛传播。在美国，没有人能够单靠一门非英语语言找到工作、接受教育，或参选总统。因此，美国双语儿童的家长必须小心确保孩子除了弱势语言之外还要拥有较强的英语能力。在孩子匆忙开始学习英语之前，家长仍然要记住非常重要的一点：**第一语言为之后其他语言的学习提供了基础，扎实的第一语言基础能有效促进其他语言的发展。**

如果孩子再大几岁，情况就会大不相同。这时，第一语言的基础已经非常扎实了，不太可能被削弱。我有个同事，她1956年从匈牙利来到美国，那时她才9岁。由于生活环境转变太突然，她刚来的一段时间无法融入班级。校方打算让她留级一年，但她的数学又领先于当时班级的教学进度，要是再留一级，数学这科就超出其他同学太多了。后来她继续在原来的班级学习，当时的她就处于"沉没或游泳"模式。幸运的是，她已经知道匈牙利语的"游泳"技巧，已经可以用匈牙利语阅读和写作，也开始学习科学概念了，因此她可以"漂浮"足够长的时间来学会英语的"游泳"。她已经不太记得当时是怎么过来的了，但是仅仅用了一年，她就可以用英语口头表达和理解意思了，还能完成大多数原本用匈牙利语才能做到的事情，后来她继续学习英语并获得了博士学位。由于她不再使用匈牙利语，这门母语最终有些"生锈"，但是她偶尔需要用匈牙利语交流的时候依然可以应对自如。

同理，如果一个人要学的第二语言是其社会环境中的弱势语言，那么完全不用等到特定时间再开始学,而是越早越好。如果学的第二语言是强势语言,那么最好等母语基础扎实之后再开始学习。

关于"叠加双语"的研究

如果有机会,几乎每个人都想再学一门语言,而且第一语言不必被外语取代,但是大多数人并不知道这种机会其实一直存在。他们觉得两种语言必须二选一。在他们的意识中,如果在不扔掉第一语言的情况下花时间学习第二语言或强势语言,那么他们强势语言的学习进度就会减慢。但事实正好相反,如果学龄儿童使用第一语言来学习第二语言,他们在第二语言上的进步反而更快。

语言学者 Hakuta 和 d'Andrea 为弱势语言使用者学习英语的"叠加双语"结果提供了强有力的证据。他们对加利福尼亚州 308 名墨西哥裔青少年进行了研究,让他们用英语和西班牙语完成一些任务。如图 10 所示,为了比较受试者的英语和西班牙语成绩,研究者按照自己设计的体系对受试儿童进行了分组,以便捕捉到他们的背景中最细微的差别。具体来说,对于国外出生的孩子(程度 1~3),关键因素是他们到达美国时的年龄(5 岁及以下、6~10 岁、10 岁以上);对于生在美国的孩子(程度 4~6),Hakuta 发现区分他们的关键变量是父母中有几位生在国外。在图 10 之后,我用更通俗的语言把"程度"按移民"年代"进行了重新排列。

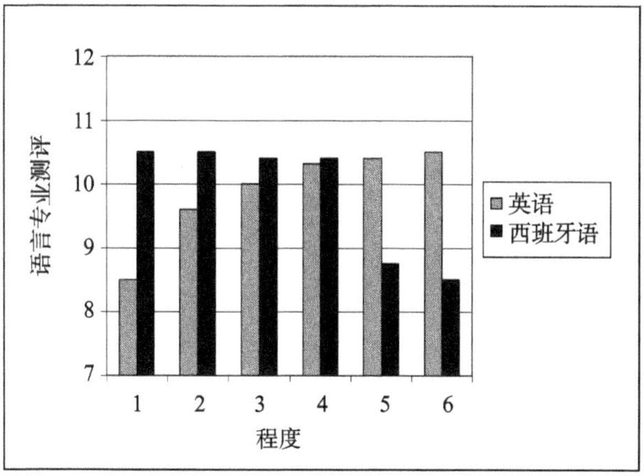

> 如果学龄儿童使用第一语言来学习第二语言,他们在第二语言上的进步反而更快。

图 10 移民家庭中的双语儿童

说明：

第一代移民

程度1：生于国外，来美国时已满10岁；

程度2：生于国外，来美国时在6～10岁之间；

程度3：生于国外，来美国时5岁或以下；

第二代移民

程度4：生于美国，父母均生于国外；

程度5：生于美国，父母一方生于美国；

第三代移民

程度6：祖父母或外祖父母中至少一人生于美国。

图10体现的是这6组双语青少年分别用英语和西班牙语完成语言任务的得分情况。图中并没有标出第几代移民。在这6组中，程度3（属第一代移民）和程度4（属第二代移民）双语能力最强，不仅两种语言都得分很高，同时双语能力比较均衡。这两类分别是5岁前到美国的第一代移民儿童和生于美国的第二代移民儿童。那么这两组有什么共同点呢？1.开始接触英语的时间都是5岁以内，因此有很强的英语能力；2.父母在家基本都说西班牙语，因此西班牙语能力也很强。

此图为"叠加双语"提供了有力的实证。程度1、5和6表明这几类的移民儿童能在西班牙语或英语上取得高分，但是两种语言并不均衡。如果我们只关注这三类人群，我们可能会同意学习一种语言会削弱另一种语言的观点，但是程度3和4的结果有力地反驳了这个观点。程度3和4两组，尤其是程度4的孩子，在英语和西班牙语上得分几乎一样，而且都非常高。因为这两组儿童都拥有学习和使用西班牙语的动机和机会。如果我们来看英语和西班牙语的关系，我们会发现，第一代移民儿童的英语能力上升得非常快，那时他们的西班牙语仍处于高峰。英语并没有等待西班牙语"消失"就已经达到了母语或接近母语的水平。西班牙语测试的高分数证明了这一点。西班牙语的急速下滑发生在英语上升后：在图中，从程度5开始，呈现出两个下滑。无独有偶，Hakuta和d'Andrea发现程度4之后父母的语言会明显转移，从程度 4 的多数使用西班牙语变为程度 5 的多数使用英语。与程度 5 和程度 6 的父母相比，程度 4 的父母对祖国有着更深的感情和联系，回国的次数更多。

三、从标准化测试可以看出单双语儿童的哪些区别？

我之前着重介绍的都是关于成为双语者的积极观点，但你可能也会看到新闻中称，有研究发现在普通的标准化学业测试中双语者比单语者得分低。当你看到这些声称双语拉低了学校标准化测试的平均分的新闻标题，你是怎么想的呢？你必须对这些说法保持怀疑和警惕。比如，对于在中国学习双语的儿童来说，结果可能恰恰相反。

有些新闻的信息可能来源于错误的研究：他们对比的样本可能并不平等，或是使用的测量方法不合理，又或者以某种方式做出了带有倾向性的报告。还有一些新闻可能的确基于双语者和单语者的真实差异，但我想提醒你注意，这其中仍然可能存在缺陷：这些研究中，一部分可能使用了正确的比较方法，但是从结果中进行推断的时候得出了错误的结论。迄今为止，多数研究都证实，双语者和单语者的区别主要集中于词汇和词句法（参见第 3 章）。这些特定的语言能力与更宽泛的语言能力以及智力的关联，对于双语者和单语者是不同的。

不公平的比较

对于双语儿童的测试偏误已经有很长的历史了。在下面几个部分里，我会提到测试中存在的各种问题，特别是标准化测试中存在的问题。目前看来，这些测试是绝对不适合双语儿童的。

社会经济地位

自从 20 世纪 60 年代美国民权运动开始，包括我们迈阿密大学语言和读写研究在内的许多研究都证明社会经济地位（socioeconomic status，SES）对儿童标准化测试的结果有很大影响。由此一些人声称 SAT 考试（Scholastic Assessment Test，学术能力评估测试，俗称"美国高考"）的得分与父母收入的相关度比与孩子学业能力的相关度还要高。

在迈阿密大学语言和读写研究项目中，我们得以在一个社会经济地位多样的拉美裔双语人群中证明了社会经济地位与测试分数的强大关联。迈阿密的拉美裔人群与其他移民社区相比有很大不同，尤其是社会阶层方面。迈阿密的拉美裔移民（来自古巴及其他中南美洲）的社会经济地位并不明显低于单语者，美国其他各地也是这样。佛罗里达州南部的拉美裔移民中有银行职员、律师、政治活动家、医生等。他们中很大比例的人有一定政治权力，同时经济上也很富足。由于样本多样且丰富，我们得以对比了不同社会经济地位的拉美裔移民。此外我们还比较了社会经济地位高的拉美裔和非拉美裔后裔，以及社会经济地位低的这两个群体。总之，不用像其他常见的研究那样，用社会经济地位高的非拉美裔后裔与社会经济地位低的拉美裔移民比较。在迈阿密大学语言和读写研究中，对所有英语测试（不是拉美裔测试）来说，社会经济地位是除年龄因素以外的最大影响因素。在众多比较研究中，同语种人群内部（包含单语者和双语者）的社会经济地位高低差异，比不同语种人群之间的社会经济地位差异更明显。

因为美国的大多数双语使用者都是移民，而且大多数移民的社会经济地位都比迈阿密拉美裔移民人群的领袖们的社会经济地位更低，所以很大比例的双语者调查都是在低社会经济地位的双语人群中进行的。如果一个调查的研究者没有特别说明如何将社会经济地位纳入考虑因素，那么这个调查在这个方面是肯定存在缺陷的。除非作者做出了特殊说明，否则我们就默认双语者和单语者的比较混杂了语言背景和社会经济地位的影响因素，而且我们可以因此质疑对方的研究结论。

语言经历

更糟糕的是，很多二十世纪二三十年代的过时的研究以双语者不懂的语言或刚开始学习的语言来测试他们的能力。如果有人用俄语（我只在中学学过两年）来测试我的智商，我认为我不会得高分。这样的测试得不到它想要的结果，或者说这样的测试只适合俄语很好的人。同样地，如果以往的某些研究避免了把语言能力和语言接触量混淆起来的话，对于单语者和双语者语言成绩的比较就不会那么一边倒了。

之前的研究趋势在 20 世纪 60 年代被两位加拿大学者 Peal 和 Lambert 扭转了方向。他们在一所加拿大中学里对双语儿童和单语儿童进行了比较，结果是双语儿童比单语儿童的表现更优秀。前者具有更发散的思维、更强的解决问题能力，同时他们的学科知识比学校进度领先一筹。但是这些研究也有另一种缺陷：自我选择性样本偏差问题。他们的调查对象不是随机取样的，而是双语学校的儿童，因此这些孩子学习双语的动机可能比其他双语者更强；而研究中的单语儿童来自附近的其他学校。另外，这些研究者选取的双语儿童都是平衡双语者，所以他们很可能是在学校的双语项目里选取了最强的学生。研究者应该将那些只有零星二语经历的单语者从样本里排除，但如果是像这些研究那样提前选择好一些特殊的受试者，则会给研究带来风险，最后的比较结果往往是不可靠的。

错误的预测

大学入学考试成绩和双语者的学业表现

一位工薪家庭的家长 Maya 表达了她的担忧，担心她的双语孩子在大学入学考试中成绩不佳。她说："如果在我们的餐桌谈话中孩子从没听过那些复杂的英语单词用法（他们在家不用英语），那他们在大学入学考试的时候怎么能得高分呢，那个考试很大程度上看考生的用词是否高级。"她的担忧并不是毫无根据的。大学入学考试对双语学生来说存在不公平，但是不只体现在 Maya 担心的这个理由上。我在迈阿密大学曾做过一项研究，阐述了为什么双语学生的大学入学考试成绩比他们实际的学业能力低。此外，下文中我还会讨论一些关于词汇量的问题。

当西班牙语—英语双语学生在考试中整体表现较差时，那些负责大型标准化考试的公司便自称他们只是"信使"，并称这种结果不能怪测试本身，只能说那些双语学生没有完全准备好。这种说法很难被迈阿密大学的研究者们接受，因为在这里拉美裔双语者属于最优秀的学生群体，所以并不是他们没有准备好。他们在班级中表现优异，都能按时毕业。事实上，在迈阿密大学院校研究办公室的帮助下，我得以比较了所有刚进入大学一年的拉美裔双语者和同年进校的单语者共计 4 个学期的成绩，最后结果是 2.96 : 2.95（总分为 4）。这些双语学生的成绩比单语学生还高了 0.1。当然，0.1 不算显著差异，但是我们至少能肯定地说，前者的学业成绩并没有比后者的差。

之后我又看了他们 SAT 考试的语言和数学成绩。双语学生的 SAT 平均成绩在这两项上都比单语学生低了 50 分（以 200～800 分为总分），这种差异的确比较明显。为什么会这样呢？SAT 考试成绩被认为可以预测学生将来在大学的学业表现。那个时候迈阿密大学的政策是不录取 SAT 成绩低于 525 分的学生，除非是极特殊情况。但是另外有一组学业成功的学生，他们当时的 SAT 平均成绩才 500 分，明显低于录取线，这个群体有好几百人。如果 SAT 成绩是学生档案中唯一的项目，那这部分优秀学生就没有机会被录取。我曾经做过一个量化研究，系统探究 SAT 成绩和大学成绩之间的关系。结果表明两者之间的确存在联系。单语学生 SAT 成绩 550 分对应 GPA2.95，双语学生 SAT 成绩 500 分对应 GPA2.96。我们只能推断，不确定是什么原因使大学学业同样成功的双语学生所得的 SAT 分数低于单语学生。但是，在那项研究中我们很明确地知道 SAT 测试并非像那些公司标榜的那样只是"信使"，因为很明显它没有传递关于双语学生的正确信息。

缺乏合适的双语对照组

> 没有一项标准化语言或智力测试是以双语者为标准设计的。

我怀疑所有标准化考试的成绩都对双语者的实际平均水平有所低估。我之所以能这样自信地说，是因为没有一项标准化语言或智力测试是以双语者为标准设计的。（不过我也很高兴地告诉大家有几项这类测试正在研发中。）因此，可以说目前还没有非常适合双语者的标准化测试。

标准化测试的成绩只能看出受试个体和群体平均水平之间的差距，并且这个群体也是经过特殊筛选的，是与目标受试个体具有相同特征的。通常每个年龄段会抽取 100 名儿童作为标准样本参加测试，之后对他们的得分进行统计分析。标准化测试中的标准分 100 分指的是成绩正好居中的那个人的分数，也就是说有一半人高于这个分数，另一半低于这个分数。标准化样本的选择是基于美国人口的整体情况而定的，其中包括相同比例的中产阶级白人儿童、工人阶级白人儿童、中产阶级黑人儿童、工人阶级黑人儿童、拉美裔儿童、亚裔儿童等其他出现在美国最新人口普查中的人群。标准化样本里的平均分（对应第 50 百分位）被定为 100 分，然后测试研发人员计算出大约第 80 百分位的分数定为 115 分，大约第 20 百分位的分数定为 85 分。如果孩子得分低于 85 分，就意味着他的能力和标准化样本里得分较低的儿童差不多。

从标准化测试成绩中得到的错误推断

词汇测试能更好地说明选错对照组的后果。在单一语言的词汇测试中，即使是能力出众的双语者，也会比相似背景的单语者得分低。单语儿童的所有词汇都存在于一种语言中，在单语标准化样本间做的比较其实是比较单语者和单语者的词汇能力。不同于单语者的是，双语者既知道某种语言中表示某些概念的词，同时又知道另一种语言中表示另一些概念的词。对于一部分掌握的词汇，双语儿童能用两种语言中任何一种来很好地回答，这些词汇其实就是两种语言的翻译对等词。可是就算是最厉害的平衡双语者也会有一些词汇他们只知道用其中一种语言怎么说，而不知道另一种语言的说法，而且这种情况在两种语言里都存在。在很多研究里，我们发现几乎每个双语者，尤其是双语儿童，都有只会用一种语言（甚至是他们的弱势语言）表达的词汇。

所以，如果你给一名俄语—英语双语使用者做一份英语的标准化测试，她的得分只是体现了她的英语词汇而非俄语词汇，最终的得分会低于她的双语词汇总量。同样地，如果她做的是俄语标准化测试，测试者也仅仅了解到了她的俄语词汇量，而非英语。可以说测试成绩也是被人为地降低了。这两个分数都不能算作这名双语者的词汇总量的最终评价，也都不能拿来和相似语言背景、相似语言接触量的双语者做比较。即使是平衡双语者，他们也没比其他双语者更占优势，同样也会得到比他们真实水平低的分数。

单语测试词汇量的方法可能在某些方面更有指导意义，比如根据孩子某种特定语言的知识量为孩子设计指导方案。但是词汇量经常被视为综合学术能力的指示器。对单语者的这种预测和推断往往正确，但对于双语者，我们觉得有失公允。

在对《双语儿童的语言和读写》一书中的数据进行再分析时，心理语言学家 Kim Oller、本人以及我们的合著者发现了叫作"轮廓效应"(profile effect)的现象。词汇方面得分较低的单语学生一般来说各科成绩都低。因此若单语者的词汇量少就可以预测他们的阅读和写作分数也会较低。词汇量少可以看作整体能力较差的标志。

而对于双语者，你不能做类似的推断。如果双语者词汇方面得分低并不见得他们不能像高分双语者那样在其他测试中也表现优异。我们的研究已经给出了明确的证据。词汇得分低，并不是双语者整体能力低的一项预测指标。

第2章我们提到过，词汇是最不受特定处理过程影响的语言要素，同时也没有特定的关键期。我们终生都在学习词汇，而且一种语言里学到的词汇对另一种语言的词汇学习没有太大帮助。因此学习词汇需要花费很多时间，如果输入量太少，也很难见效。

词句法的准确性与其他语言技能的关系

除了词汇，人们观察到单语者和双语者在另一个特定结构方面也有持续的不同结果。这个方面就是词句法，而且比较的结果往往是单语者占优势。正如我们在第3章谈到的那样，词句法是介于词汇和句法之间的一个语言层面，指如何管理、组合词汇并在句子中正确使用。词句法的正确性涉及语法的几个重要知识点，尤其是形式和词缀。因为双语者和单语者相比，接触这些结构的机会更少，因此他们要花费更多时间学会词句法。例如，一个人对一种语言里词汇是如何结合到一起的基本法则有所了解，但是不清楚一些特殊词汇项目的特殊用法，或者某些需要微调结构的特殊情况。目前还没有针对双语者的标准化测试来评价双语儿童在词句法方面的发展是否达到令人满意的水平。就双语者而言，尤其是他们的弱势语言，在不同的语言环境里输入特定的结构需要多久才足以令他们明白所有词句法的复杂用法，我们对此还没有准确的研究结论。因此，会存在一段时期，双语者的词句法能力表现不及儿童语言和概念发展的其他方面。

单语儿童如果没有掌握词句法的关键知识（我们在第6章对特殊语言障碍的讨论中提到过），会被认为是整体语言能力发展迟缓的标志之一。而双语儿童则不同，可能只是（也往往确实只是）因为这些双语儿童还没有得到充足时间的语言输入以便他们完全掌握这门语言。双语儿童学习不同结构的发展阶段也是按照正常顺序的，只是比单语儿童稍慢一些。因此如果没掌握某些特殊语言形式，并不能视为双语儿童整体语言发展迟缓的标志。

一语和二语的词句法习得经历相似

即使是非常优秀的第二语言学习者也会在学习词句法的一些重要知识时有困难，比如用"much"或"many"表达数量。在这个结构中，Gathercole使用了她在其他研究中使用的方法。随着单语儿童逐渐得到更多的语言输入，逐渐接触更多的不规则用法的例子，他们会掌握更多的词句法知识。Gathercole列出了一个学习顺序表格，将单语儿童各个阶段对词句法的掌握情况记录下来。例如，在英语里，知道何时使用"much"何时使用"many"是个难点，因为我们很少去考虑。这要求单语儿童或年幼的二语学习者弄明白其后面跟着的那个单词是指一个个体还是指一种东西，以及它是否有复数形式："much water"是对的，但是"much trees"或者"much waters"就不行；应该用"many trees"，而不是"many tree"或者"many waters"。Gathercole也表明双语儿童学会正确使用不同结构时的发展阶段和单语儿童并无二致，但是这个过程要更久一些，大致上是跟他们能接触到这种结构的语言量成正比。没有证据显示双语儿童学得更差，只是需要更久的时间来获取充足的带有这些高级语法的语言输入罢了。

作为整章的总结，我们可以这么说，比较双语儿童和单语儿童是非常艰难的，也往往带有误导性。当你仔细比较单语者和双语者（此处双语者指真正会用两种语言的人），而且这些个体的其他特征都等同的时候，你就会发现他们的表现是一致的。希望以后双语儿童的境况会有一个转变，也希望这天尽快到来。到时候我们将会看到各种书籍和文章讨论单语对孩子是有危害的。

> 比较双语儿童和单语儿童是非常艰难的，也往往带有误导性。

第 8 章
双语者的身份认同

双语者能够成功地将两种文化融于一身吗?本章中,你会看到许多人对于双语养育的深刻思考,以及他们的见解或是反思。此外,我还请教了几位在双语培养方面有所著述的学者及评论家。那么双语培养究竟是否可取?一些来自流行文化的声音似乎在告诫我们,在双语中成长有可能会造成心理伤害,但是童年双语者却表示,他们的成长过程总体来说是十分愉快的。

一、是一种文化，还是两种文化？

Nina是德国人，她的丈夫是日本人，他们和两个孩子居住在日本。她说她5岁的女儿有"双重人格"，"在她幼小的身体里仿佛住着两个灵魂"。她很担忧，不知自己当初是否应该开启双语培养计划。和所有父母一样，Nina希望孩子能在一个稳定的、易于孩子理解的环境中成长。她认为如果家里只有一种文化，那么两个孩子就不必费心思考自己究竟属于哪种文化了。Nina认为，她本该等女儿七岁左右再开始教她第二语言，因为那时女儿已经形成了稳定的个性。她觉得学习双语对孩子的个性发展造成了不良影响。

Nina的观点对吗？如果她的女儿只学一种语言，情况就会有所改善吗？如果跨国婚姻家庭中的孩子只继承部分"遗产"，孩子们就会过得更加轻松吗？

缺乏权威意见

在一个时间无法倒流、一切无法重新来过的世界里，尽管Nina反思后有些后悔，但是她当初究竟该怎么做呢？这个问题难以回答，就像在第7章中我难以回答双语究竟是会促进还是会阻碍儿童的认知发展，因为我们无法进行这样的实验研究。实验的方法在这里没有任何帮助。我们无法指定跨国婚姻家庭在孩子整个成长过程中用一种还是两种语言。即便有这样可操作性不大的实验，我们也会发现目前还没有适合双语者的人格健康测评工具能给我们一个结果。因此，我们只能猜测，只能提出见解，无法做出结论。我认为，Nina以及我们中的其他父母在决定是否要对孩子双语培养时，必须从自己的培养目的出发，并参考其他双语者的成长体会。

尽管有大量的著述都曾探讨过人格发展的问题，但正如美国天普大学研究者Aneta Pavlenko所说，至今还没有人用客观的社会科学框架对双语者的人格发展进行过研究。为了说明该领域一直以来都被社会心理学研究忽视，她列举了大量骇人听闻的所谓的双语者病症的说法。实际上，Nina和其他有类似疑虑的父母也会听到过这些极端、负面的评价。下面这些观点从十九世纪开始就误导着人们。1899年，一位语言学家称：

"双语儿童的智力和心理发展不会因掌握双语而翻倍，反而是减半了。他们的思想和性格在双语的情况下难以保持一致。"

2002年，英国内政大臣说：

"移民家庭如果能放弃母语，使用英语，将有助于消除下一代人在心智上的分裂，改善两代人之间的关系。"

可见，很多人都认为双语会导致思想或人格的分裂、情感脆弱、迷茫，甚至缺乏归属感。这些言论无不在宣扬双语培养的错误以及单语的好处，但实际上却充满了偏见，甚至带有种族歧视。他们似乎在说："说我们这种语言才是好的，说其他语言的人都是不好的。"尽管并没有科学研究支持这些言论，但也很难找到驳斥这些说法的科学研究。

然而，双语者对自己的评价却是十分积极的，让我们很难把他们和那些负面影响联系起来。他们认为自己能够成功地在两个世界里扮演好自己的角色。兼具挪威及美国血统的语言学家Einar Haugen在一篇幽默的文章里曾写道："我真不知道自己是如何逃过了那些专家口中的'可怕后果'的，可真是命悬一线啊。"事实证明，他最终既很好地继承了父母的文化，又融入了他所在国家的文化。来自哥伦比亚的Ana说："我自己的身份本来就包含了两种语言。我怎么可能放弃其中一种呢？"

单语迷思

前文这些引述透露着根深蒂固的对单语优越感的迷思。文化历史学家George Steiner试图找到单语优越感的起源。他说这个源头离我们并不远，其实是十八至十九世纪浪漫民族主义的副产品。那时政客和哲学家开始鼓吹自己的国家和语言有着绝对的优越性。为了保持语言的纯洁，他们也不允许其他语言对本族语言有任何入侵。与之相似，Steiner认为现代对单语的浮夸之词也只是在试图抛弃其他"次要的"文化。

George Steiner在《巴别塔之后》一书中讨论了巴别塔的神话。在美国土著的古老传说中，探求被禁止的知识往往会有神兽意外死亡的事情发生，在其他文化中可能是触犯禁忌（比如《圣经》中《创世纪》里讲到的伊甸园或巴别塔的故事）。神话中说，在巴别塔建造之前，世上只有唯一一种语言代表

> 单语优越感是十八至十九世纪浪漫民族主义的副产品。

着世界——世界上所有的东西都用这种语言命名。在巴别塔之前，人类可以直接和上帝对话。巴别塔倒下之后，语言被分割成无数的碎片，对话失去可能，与上帝的沟通变成了我们如今熟知的祷告。语言也无法像过去那样直接代表世界。

George Steiner 自己就能够像母语者那样用三种语言（法语、德语和英语）进行写作和翻译。他的三种语言水平不相上下，他自己都分不出哪个是母语。他对自己的三门母语以及成年后学习的其他几门语言都心怀感激。他不认同有些人提出的识别"真正"母语的方法，比如：梦中的语言、遭遇意外时喊出来的语言，或者心算时用的语言。George Steiner 说，他做上面这些事儿的时候会用当时或那段时间听到最多、说得最多的那门语言，而不是特定的某种语言。他用这三种语言都能出色地写作，并且无法想象自己为了成为单语者而扔掉某两种语言。

双语者的生理感觉

主观地说，做双语者和做单语者的感觉是不一样的。很多双语者都能觉察到那是一种生理感觉。说泰米尔语的 Radha 说，她在转换语言时就像戴上了不同的帽子。事实上，人们在转换语言的时候，口腔位置会有细微的生理变化，这种变化也可能会在全身知觉中反映出来。例如，我们可以比较一下英语中的填充词 "uh"（"I – uh – don't know"）和法语的停顿填充词 "euh"，前者是中元音，舌位低，发音时肌肉松弛，而后者舌位较高，肌肉也更紧张。因此可以看出每种语言的"休息位置"是不同的。不同点还体现在不同语言的语速上。语速不同，可能给语言使用者留下一定的潜意识印象，感觉说某种语言的时候会更放松。

有案例显示，同样内容的问卷用不同语言呈现并回答，同一个人会给出略微不同的答案。各种语言都有各自的"文化框架"、记忆网络，以及词汇激起的关联。研究显示，"文化框架"会在人们用不同语言完成不同任务时转换。名字的不同发音就可以激发不同的"文化框架"。例如，作家 Julia Alvarez 说，她听到别人用英语叫她"Julia"时，她会自动伸出手臂和别人握手问好，而听到西班牙语名字"Hoolia"时，她会想和对方互亲脸颊。

> 语言的转换会带来不同的生理感觉。

> 各种语言都有各自的"文化框架"、记忆网络，以及词汇激起的关联。

我研究中的一些双语者曾经提到，同一个意思他们只能用一种语言表达，换成另一种语言就不会说了。用二语骂人或用二语谈论一语中禁忌的话题似乎也非常常见。我们在迈阿密的产前教育中心雇用了一位来自巴拿马的护士，她用西班牙语给孕妇们上课，但我们发现她只会用英语说解剖学词汇，而不会用西班牙语说。双语诗人 Nuala Ní Dhomhnaill 说，她通常用爱尔兰语表达情感和内心世界，而用英语作为与外界沟通的语言。按她的说法，前者用于回忆过去，后者用于沟通未来。

无论是我的调查对象还是我下面参考并推荐的文集中的双语作家，没有任何迹象表明双语给他们带来了痛苦。这两本文集，一本叫作《双语作家论双语身份的认同与创造力》(Bilingual Writers on Identity and Creativity)，另一本叫作《双语游戏》(Bilingual Games)。书中的许多作家都对"双语模式"赞赏有加，像 Ilan Stavans 就说自己是"和西班牙语及英语谈了一场恋爱"，而 Ariel Dorfman 则说"自己住在二维世界里，英语和西班牙语占据着同等的空间"。这些作家都表示，他们最真实的作品是两种语言流畅的结合。他们从未抱怨双语带来的支离，反而觉得"在多语中遨游"非常开心。

这种"支离"存在吗？当然存在——但是并非仅限于双语者。当一个单语者感到"支离破碎"或者说"被生活中的种种力量冲击、撕扯"时，肯定没有人说这种感觉是双语造成的。但如果是双语者承受着类似的压力，那么双语能力就会经常被一些人不假思索地指责为罪魁祸首。

真正的专家

语言哲学家 Anna Wierzbicka 认为，生活在两种语言和两种文化中的作家是最伟大的双语思维权威。他们对自己思维世界的探索由于写作的推动而更加深入，这些是外部旁观者无法做到的。因此，我们可以从双语小说家或散文家的作品中寻得蛛丝马迹，洞察这些双语者的"双语个性"。和我调查的双语儿童一样，这些作家和散文家在跟我分享对于双语培养的看法时，都倾向于认为成为双语者给他们带来的更多是愉悦和满足，而非苦恼或不适。即便是那些认为自己"穿越在不同的身份边界"，或感到"身份分裂"就像"带着两个背井离乡的流亡者，找不到归属的国家"的双语者，对自己作为双语者

> 双语作家从未抱怨双语带来的支离，反而觉得"在多语中遨游"非常开心。

的整体评价也是积极正面的,他们当中没有任何人后悔成为双语者,更没有后悔"双语带来的情感和文学上的丰富性"。

对于晚期的双语作家来说,双语带来的写作中的"归属感缺失"会更强烈。Eva Hoffman 在她的回忆录《迷失在翻译中》(*Lost in Translation*)中就生动地描绘了她接触一门新语言、接受一个新身份时的自我挣扎。她在 13 岁——一个敏感多思的年纪——从波兰来到了加拿大。作为一个十几岁的孩子,她的判断是,自己无法既如从前那般当波兰人,又当加拿大人。Eva Hoffman 说,当时她的妹妹也表达了类似的想法。但是妹妹才 8 岁,身上的"波兰属性"要少一些,因此妹妹能更快地"解除波兰身份",更加轻松地度过这个转折期。我们很难找到其他像 Hoffman 这样的回忆录,能够感情饱满、分析深刻地记录下青少年时期的语言学习经历。她将自己青少年时期的心酸与苦恼全都清晰地刻画了出来,那些焦虑不安的画面也深深印刻在读者的脑海中。

Eva Hoffman 最近为她早先的一本关于语言移民的书籍附了一篇后记。这次她不再是十几岁的青少年了,语言于她而言让她感觉更加舒适,因为她已经认识到两种语言是可以并存的。她意识到 20 年前自己让英语"驱逐"波兰语的事不会反向再发生了,这让她觉得"豁然开朗"。从那时起她的波兰语一直"深藏不露",但是现在开始"蒸蒸日上",并且与英语一起在一个被她称为"坚固的结构"里和平共存。她的两种语言最终学会了合作,而非竞争,因此她的故事也开始讲述双语者的完整性,而非分裂性。

现实情况是,世界很多地方都在忙于"跨界",而且越来越多的人成为语言移民。双语作家已经发现了两种语言的边界地带,并使之成为创作的沃土,成为兼具创新性和趣味性的空间。与那些排外的人相反,他们鼓励多语,就像在双语双关语中,英语 "creative bilingual games"(创意双语游戏)用西班牙语会发成 "creative bilingual gains"(创意双语收益多)。另外,一位日本作家谈到,当他跨越距离,将两种语言相连时,他会感觉到头脑里产生了电流。熟悉的事物在两种语言中共存的状态会带给人们陌生而新鲜的感觉。

其他的双语作家和调查对象压根儿没有所谓的"分裂感"及其带来的心理压力。正如 Marieke 所说,"我说荷兰语时觉得自己是荷兰人,说英语时觉

> 将两种语言相连时,头脑里产生了电流。熟悉的事物在两种语言中共存带给人陌生而新鲜的感觉。

得是英格兰人"。在同一场聚会中,她既可以扮演一种角色,也可以同时扮演好两种角色,具体取决于在场有哪些人。她可以列出更多理由说明双语于她的重要性,也可以在辩论中表达自己支持双语的立场。

二、是混乱,还是丰饶?

《圣经》中巴别塔的故事被普遍看成是一种惩罚或诅咒,但是以 George Steiner 看来,(即使是在孩童之时)语言的多样性是上帝对人类的伟大馈赠。用他的话说,"我们的语言创造了我们的世界"。词语与世界之间的距离为语言将人类从"一般现在时的单调"中解放出来提供了可能,也让我们可以在想象中自由驰骋,描绘对世界的希冀。语言代表着我们对环境的适应力。巴别塔并不意味着语言的混乱,反而给人类带来了文明的丰饶。

常见问题及索引

你是否有一些具体的疑虑？在这里找到你关注的问题，直接阅读相应的章节，即可找到答案。

常见问题	章节

培养双语儿童的最佳时机是什么时候？

- ◆ 我们应该马上就开始跟孩子说两种语言吗？　　　　　　　　　　7
- ◆ 如果不用马上开始，几岁开始好？　　　　　　　　　　　　　7, 8
- ◆ 是否到达某个年龄后，就无法学习另一种语言了？如果是，是什么时候？　　　　　　　　　　　　　　　　　　　　　　　　3

我应该怎样进行双语培养？

- ◆ 我们该用什么方式和孩子交流，才能使孩子成长为双语者呢？　　4
- ◆ 我们应该怎样处理两种语言的转换？　　　　　　　　　　4, 5, 7
- ◆ 我们应该如何帮孩子区分不同的语言？　　　　　　　　　　　　4
- ◆ 双语是否会让我的孩子感到困惑？　　　　　　　　　　　　　3, 6

我的孩子若想学会两种或更多语言，难度有多大？

- ◆ 双语儿童的语言发展方式和单语儿童一样吗？　　　　　　　　3, 7
- ◆ 双语儿童在语言学习方面是否会感到更困难？　　　　　　　　　3
- ◆ 我如何确保孩子的两种语言是均衡发展的？　　　　　　　　　3, 4
- ◆ 一个孩子能够学会多少种语言？　　　　　　　　　　　　　　3, 4

你是否在担心孩子的社区语言能力？

- ◆ 如果孩子在家不说社区语言，那么他在学校说社区语言会遇到问题吗？　　　　　　　　　　　　　　　　　　　　　　　　7
- ◆ 孩子在校外说另一种语言，是否会影响他和学校同龄孩子的沟通？　3

找到合适的学校

- ◆ 如何能给孩子找到合适的学校？　　　　　　　　　　　　　　　5

◆ 让孩子参加双语项目好吗？什么样的项目能让我的孩子受益？	5, 7	195

你是否正在寻找有相似情况的朋友或家庭？

◆ 如何找到其他双语儿童或者同语种的孩子进行交流？	4

我该如何帮助孩子的语言发展？

◆ 我该怎样确保孩子在成长过程中没有丢掉其中一种语言？	3
◆ 如果孩子对其中一种语言失去了兴趣，该怎样让他继续使用两种语言呢？	4, 5, 7
◆ 有什么能帮助孩子成为双语者的活动？	4, 5

我只会一种语言，但是……

◆ 我不会说第二种语言，我该怎样帮助孩子学习第二语言呢？	4, 5

在什么情况下，我该怀疑孩子的语言发育出现了问题？

◆ 如何判断孩子的语言发育是否正常？	2, 7
◆ 语言迟缓以及语言障碍分别有哪些症状？	6
◆ 如果孩子觉得讲弱势语言很尴尬，我该怎么办？	4

典型的错误做法及误区

◆ 父母易犯的最大的错误是什么？	4, 5

解开围绕双语儿童的
十二个迷思

误解与迷思	我们知晓的事实
双语儿童开始说话的时间晚于单语儿童。	没有任何科学证据支持这一观点。双语儿童和单语儿童的语言发展进程是相同的。（见第7章）
双语儿童学业起步落后于单语儿童，而且永远也追不上来。	事实是，双语儿童的发展速度有快于单语儿童的倾向。（见第7章）
儿童吸收语言就像海绵吸水一样简单。	与成年人相比，儿童学习语言似乎容易得多，但是我们不应低估了儿童学习语言付出的努力，也不应期待孩子从一开始就学得完美无缺。（见第3章）
双语者就像是两个单语者合为一个人。	双语者拥有一些单语者不具备的特殊能力。双语者的两种语言中通常有一个是主导语言，相当于单语者的唯一语言；另外一门语言使用频率较低，是他们的弱势语言。在任何对话中，双语者都可选择用单语模式或是双语模式来对话。（见第3章）
要想同时学会两种语言，必须要有语言天赋。	早期的语言学习不需要特殊的天赋，这只是人类与生俱来的能力而已，就像走路和用眼睛看东西一样。（见第2章、第3章）
如果双语儿童在标准化测试中得分低于单语儿童，就说明双语儿童的语言能力低于单语儿童的平均水平。	标准化测试只对双语者语言能力的一部分进行了评估（只测试了一种语言），并以此为依据与单语者的全部语言能力进行比较，这并不合理。双语者的平均分数中也没有考虑到不同语言主导模式的差异。目前，尚没有适合双语儿童的标准化语言测试。（见第7章）
移民人群努力保留自己的母语，这样他们就不必学习所在国家的语言了。	只有极少数的移民会拒绝学习新国家的语言。在多数国家中，适合成人的语言学习项目还无法满足成年移民的语言学习需求。不过同时使用儿童的母语及新语言的项目在一定程度上可以满足需求，因为这样的项目能够帮助孩子们更快更好地习得新的语言。（见第7章）

续表

误解与迷思	我们知晓的事实
由于有些语言较为原始,因而也更容易学习。世界上有这么多人会说英语,是因为英语语法规则比其他语言少。	世界上并不存在原始的语言或没有语法的语言。所有语言都是无限复杂的,却也是可以学会的。(见第2章)
会说第二语言本身已是一种奖励。	这句话可能没有错,但我们不应让孩子这样想。我们要让孩子感觉到语言学习是充满意义的,要让孩子意识到,第二语言可以成为他们与其他语言中的人和事建立联系的桥梁。(见第4章、第5章)
如果父母的某种语言说得不好,那么他们会把语言错误和口音传递给孩子。	只有当孩子只听过父母讲这门语言,从未听过其他人讲这门语言时,这种说法才有可能是真的,但这不太可能发生。(见第4章)
如果双语儿童在一种或两种语言方面出现问题,只要舍弃其中一种便可解决问题。	没有任何科学证据支持这个观点。如果孩子在两种语言上都出现问题,哪怕他只说一门语言也会出现问题。(见第6章)
培养双语儿童只有一种正确方式。	父母其实是这个领域的专家。唯一错误的双语培养方式恐怕是不进行双语培养。如果你还没有进行双语培养,那么现在就开始吧。

术语表

accidental bilingual 偶成双语者	因非计划性的外部环境变化（如童年时期突然移居海外）而成为双语者的人。
active bilingual 主动双语者	在一定程度上具备两种语言的口语表达和理解能力的双语者，与不会说或写，只能听懂和/或阅读第二语言的"被动双语者"相对。
additive bilingual 叠加型双语者	第二语言叠加到第一语言知识基础上的双语者，其第二语言的发展没有损害第一语言的发展。
ambilingual 精通双语者	两种语言都使用极为纯熟的双语者。
aphasia 失语症	失去言语和语言的部分或全部功能的病症。通常由脑损伤导致。
balanced bilingual 平衡双语者	两种语言能力均衡的双语者。反之，不平衡的双语者会有一种语言是主导语言，且明显强于另外一种语言，主导语言的使用领域更加广泛。
Basic Interpersonal Communication Skills, BICS 基本人际交往能力	能够达到自如交流的语言能力，与更加抽象的用于学术写作和课业中的语言能力相对。（参见"认知学术语言水平"）
Bilingual First Language Acquisition, BFLA 双语同为一语习得	婴幼儿同时习得两种语言的过程，且这两种语言无法用"第一语言"和"第二语言"进行区分。
bilingual mode 双语模式	两种语言交替使用的说话模式，通常在同一个句子中发生转换。与每次讲话只用一种语言的"单语模式"相对。
code-switching 语码转换	在一个句子或一段对话中转换"语码"或语言的言语行为。转换通常出现在句子或对话结构中适合转换的地方。
Cognitive Academic Language Proficiency, CALP 认知学术语言水平	用于课业相关的抽象概念和学术任务的语言，与"基础人际交往能力"相对。
community language 社区语言	在家庭以外，多数人在公众场合使用的语言。与"家庭语言"或"弱势语言"相对。
covert correction 隐蔽式纠正	语言错误回应的技巧之一，指在对话中，通过示范而非特意提醒的方式进行语言错误的纠正。

术语表

critical period 关键期	最佳学习期。在此期间内进行刺激能够产生最理想的效果，在此之后进行刺激则无法达到同样的效果。
dominant language 主导语言	双语者两种语言中水平更高的那种语言，通常由于在双语者现在或过去的生活环境中使用更频繁所致。
dual-language programs 双语项目	在课程中有机融合了两种语言的使用的教育项目。在美国，普遍称之为"双浸式"项目，与之相对的是"单语"或"纯英语"教育。
dyslexia 阅读障碍	阅读能力发展迟缓或受损，表现为智力正常的儿童出现阅读困难，甚至无法阅读的情况。
early bilingual 早期双语者	青春期之前学习第二语言的双语者，其内在的语言学习机制仍能发挥作用；也指婴儿期或幼儿期双语者，与"晚期双语者"相对。
elective bilingual 选择性双语者	主动选择学习一门第二语言的双语者。通常是强势语言使用者因个人原因选择学习一门弱势语言。与迫于环境改变而学习第二语言的"移民双语者"相对。
elite bilingual 精英双语者	从社会经济角度来看，"选择性双语者"通常来自较富裕、受教育程度较高的精英社会阶层，因此也被称为"精英双语者"。
expansion 扩展	一种隐蔽式语言纠正策略，要求纠正者在谈话中对对方的不当或错误表达以扩展话语内容、示范正确句子的方式进行纠正。
expressive language 表达性语言	通过说和写的方式产生的语言。人们通常认为，使用"表达性语言"或者说主动进行语言表达比被动地接受（阅读和听力理解类任务）更有挑战性。与"接收性语言"相对。
First language acquisition, FLA 第一语言习得	利用学习者与生俱来的专门的语言学习机制来发展第一语言的知识技能的过程，与利用非语言专用的普遍的学习机制进行的"第二语言习得"相对。
foreign language 外语	既非母语，又非所在国家社区语言的语言。与"第二语言"，即学习者的社区语言相对。
grammar 语法	描述一种语言结构的规则系统，包括发音模式、词汇、句法、用法等。
heritage language 继承语言	通常是一门弱势语言，或是与个人文化背景相关的另一个国家的强势语言。继承语言代表的不是说话者所在社区或国家的流行文化，但是通常代表着家族的传承。

immersion 沉浸		只使用目的语（要学习的那种语言）的生活情境或课程。
infant bilingual 婴儿期双语者		从出生起就同时学习两种语言的人。这两种语言都是"第一语言"，而非一个"第一语言"一个"第二语言"。
input 输入		语言学习者听到的语言。与"输出"相对，后者指语言学习者说出的语言。
intentional communication 有意图的交流		说话者有目的、有意识的发声和交流。与婴儿啼哭这类"反射性交流"相对。
L1 第一语言		人一生中掌握的第一种语言。
L2 第二语言		人的第二语言或任何后续学习的非母语的语言。
Language Acquisition Device, LAD 语言习得机制		该理论认为人的语言能力是与生俱来的，大脑中存在着无形的机制使儿童仅通过听语言便能推断出语言的结构。
Language Acquisition Support System, LASS 语言习得支持系统		指家庭等能够促进并支持语言发展的外部社会环境，是对内在的"语言习得机制"的补充。
language impairment 语言障碍		阻碍语言正常发展的单个或若干因素，既包括仅限于语言能力的障碍，也包括如耳聋、智力低下等导致的包括语言在内的多方面发育迟缓或缺陷。
language shift 语言转移		社区内使用的语言从一种转变为另一种的过程。
late bilingual 晚期双语者		青春期之后学习第二语言的双语者。与"早期双语者"不同，他们的两种语言有"第一语言"和"第二语言"之分，而且依据居住环境的变化，第二语言也可成为其主要语言。
lexical 词汇的		与语言中的词汇相关的，与意义构建过程相关的。
lexicon 词库		一个人的心理字典，涵盖这个人知道的所有词汇以及和这些词汇相关的所有信息。
literate language 书面语		与"口语"相对，"书面语"可以更加脱离上下文语境，同时通常语句结构更为复杂。
majority language 强势语言		社区中多数人使用的语言。如果政府、教育系统以及其他官方或公共领域中都使用这种语言，该强势语言也通常是该地区的"官方语言"。
metalinguistic awareness 元语言意识		对语言基本属性和结构的有意识认知。例如，从元语言角度来看，英语中"dog"一词由三个音构成。

Minority Language at Home, mL@H 家庭使用弱势语言	家庭环境下语言使用的主要策略之一，指在家时不使用社区语言或强势语言。
minority language 弱势语言	社区中少数人使用的语言（甚至可能只有一个家庭使用），有时也叫作"继承语言"。
Mixed Language Policy, MLP 混合语言原则	家庭环境下语言使用的主要策略之一，指在家时用多种语言与同一个人交流。
monolingual mode 单语模式	参见"双语模式"。
morphosyntax 词句法	表明词汇间结构关系的语法形式。例如，有些语言使用特殊的后缀等形式来区分句中动词的主语和宾语。英语中的词句法主要包括复数标志、动词词尾等。
native language proficiency 母语水平	一个人说某种语言的流畅度和使用范围等同于一个自出生就学习这种语言的人。这个概念和"非母语水平"相对，后者的流畅度和语言使用范围更加有限，这也经常被称为"近母语水平"。这类语言使用者有时出现少量的语误，并且使用语言的精准度会受其疲劳程度和话题熟悉程度的影响。
One Parent One Language, OPOL 父母分工	家庭环境下语言使用的主要策略之一，指每位家长自始至终使用一门不同的语言和孩子说话。语言的选择只和说话对象有关。
oral language 口语	说出来的语言，与书写的语言相对。参见"书面语"。
output 输出	表达出来的语言（与听到的语言相对）。参见"输入"。
parentese 父母语	一种与婴儿说话的方式，也叫"妈妈语"或"看护者话语"。与成人之间的说话方式不同，通常父母语的句子更短，发音的语调更夸张，语言中包含更多的重复和较长的停顿。
passive bilingual 被动双语者	参见"主动双语者"。
phonemic awareness 音素意识	对口语中基本语音单位的意识。这也是阅读过程的一部分，即将语音单位与单词中的字母进行对应。
phonology 语音体系	描述语言中语音系统及语音在语言中的使用的语法内容。
recast 反向提问	一种隐蔽式的语言纠正策略，指孩子话语存在错误时，父母用正确的方式或扩展的方式重新说出孩子的话语。参见"隐蔽式纠正"。

receptive language 接收性语言	参见"表达性语言"。
reflexive communication 反射性交流	参见"有意图的交流"。
Second Language Acquisition, SLA 第二语言习得	参见"第一语言习得"。
sequential bilingual 顺序双语者	按先后顺序学习两种语言的双语者，既包括童年双语者也包括晚期双语者。与出生后便同时学习两种语言的"同时双语者"相对。
simultaneous bilingual 同时双语者	参见"顺序双语者"。
Socioeconomic status, SES 社会经济地位	个人或家庭的经济水平和受教育程度。通常根据家庭中父母的职业及受教育时间来计算。
Specific Language Impairment, SLI 特殊语言障碍	在其他认知技能发育正常的情况下，出现学习困难或语言使用困难的情况。参见"语言障碍"。
speech sounds 语音	语言中用于词汇发音的声音。与之相对的是不属于任何语言的声音，如嗡嗡声或纯音。
syntax 句法	有关句子成分间结构关系的语法规则体系。依靠句法，说话者可了解不同单词和短语的顺序影响句子含义的规则，同时依靠该规则来进行表达。
target language 目的语	一个人正在学习的语言。
texts 文本	连贯地组织在一起的一系列句子。
turnabout 轮替	一种对话策略。语言熟练者对语言初学者的语句进行扩展后，增加一个开放性问题，从而给后者提供下一轮话语的方向。
Two-Way Immersion, TWI 双浸式	参见"双语项目"。
zone of proximal development 最近发展区	稍微超过孩子独立完成任务的能力范围，并可在教师或家长的帮助下完成的技能处于孩子的最近发展区。在独立运用这些技能之前，孩子需要学习并练习这些技能。

主要参考文献

Bialystok, E. (2001). Bilingualism in development: Language, literacy, and cognition. Cambridge: Cambridge University Press.

Bialystok, E., Craik, F.I.M., & Freedman, M. (2007). Bilingualism as a protection against the onset of symptoms of dementia. Neuropsychologia, 45, 459-464.

Bruner, J. (1983). Child's talk: Learning to use language. NY: Norton.

Chomsky, N. (1965). Aspects of the theory of syntax. Cambridge, MA: MIT Press.

Crystal, D. (2004). The language revolution. Cambridge UK: Polity Press.

Cummins, J. (1979). Cognitive/academic language proficiency, linguistic interdependence, the optimum age question and some other matters. Working Papers on Bilingualism, 19, 121-129.

deCourtivron, I. (Ed.) (2003). Lives in translation: Bilingual writers on identity and creativity. NY: Palgrave Macmillan.

Eliot, L. (1999). What's going on in there? How the brain and mind develop in the first five years of life. NY: Bantam Book.

Fenson, L. and colleagues. (2003). Users guide and technical manual for MacArthur-Bates Communicative Development Inventories: 2nd edition. Baltimore: Paul Brookes. Information on international forms: http://www.sci.sdsu.edu/cdi/adaptations.htm

Fishman, J. (Ed.) (2001). Can threatened languages be saved?: Reversing language shift, revisited. Clevedon, UK: Multilingual Matters.

Gathercole, V. C. & Hoff, E. (2007). Input and the acquisition of language: Three questions. In E. Hoff & M. Shatz (Eds.), The handbook of language development (pp. 107-127). Oxford: Blackwell Publishers, 2007.

Gopnik, A., Meltzoff, A. &Kuhl, P. (1999). The scientist in the crib. NY: Wm Morrow & Co.

Gordon, R. Jr. (Ed.). (2005). Ethnologue: Languages of the world, Fifteenth edition. Dallas, TX.: SIL International. Online version: http://www.ethnologue.com/

Grosjean, J. (1989). Neurolinguists, beware! The bilingual is not two monolinguals in one person. Brain and Language, 36, 3-15.

Hakuta, K. (1986). The mirror of language. NY: Basic Books.

Karmiloff, K. & Karmiloff-Smith, A. (2001). Pathways to language: From fetus to adolescent. Cambridge: Harvard University Press, 2001.

Lambert, W. E. (1977). The effects of bilingualism on the individual: Cognitive and sociocultural consequences. In P.Hornby (Ed.), Bilingualism: Psychological, social, and educational implications (pp. 15-28). NY: Academic Press.

Lanza, E. (1997). Language contact in bilingual two-year-olds and code-switching: Language encounters of a different kind? International Journal of Bilingualism, 1, 135-162.

Leopold, W. (1939). Speech development of a bilingual child: A linguist's record. Chicago: Northwestern University Press.

Meisel, J. (1994). Bilingual first language acquisition: French and German grammatical development. Amsterdam: John Benjamins.

Oller, D. K. & Eilers, R. E. (Eds.) (2002). Language and literacy in bilingual children. Clevedon UK: Multilingual Matters.

Paradis, J., Genesee, F., & Crago, M. (2011). Dual language development and disorders: A handbook on bilingualism and second language learning, 2nd edition. Baltimore: Paul Brookes.

Peal, P. & Lambert, W. (1962). The relation of bilingualism to intelligence. Psychological Monographs, 76 (546), 1-23.

Pearson, B. Z., Fernandez, S. C. & Oller, D. K. (1993). Lexical development in bilingual infants and toddlers: Comparison to monolingual norms. Language Learning, 43, 93-120.

Pearson, B.Z., Fernandez, S. C., Lewedag, V. & Oller, D. K. (1997). Input factors in lexical learning of bilingual infants (ages 10 to 30 months). Applied Psycholinguistics, 18, 41-58.

Peña, E. D., Gutierrez-Clellen, V. Iglesias, A., Goldstein, B. A. & Bedore, L. M. (2014). Bilingual English Spanish Assessment (BESA). San Rafael CA: A-R Clinical Publications.

Pinker, S. (1994). The language instinct. NY: Wm Morrow.

Poplack, S. (1980). "Sometimes I'll start a sentence in Spanish y terminoenespañol": Toward a typology of code-switching. Linguistics, 18 (7/8), 581-618.

Saunders, G. (1988). Bilingual children: From birth to teens. Clevedon, UK: Multilingual Matters.

Searchinger, G. (producer). (1994). The Human Language Series.Boulder, CO: Equinox Films.

Sommer, D. (Ed.) (2003). Bilingual games. NY: Palgrave Macmillan.

Tabors, P. (2008). One child, two languages: A guide for preschool educators of children learning English as a second language (2nd edition). Baltimore: Paul Brookes.

Vygotsky, L. (1962). Thought and language. Cambridge MA: MIT Press.

Werker, J & Tees, R. C. (1984). Cross-language speech perception: Evidence for perceptual reorganization during the first year of life. Infant Behavior and Development, 7, 49-63.

Wierzbicka, A. (2005). Universal human concepts as a tool for exploring bilingual lives. International Journal of Bilingualism, 9, 7-26.

Wong-Fillmore, L. (1991). When learning a second language means losing a first. Early Childhood Research Quarterly, 6, 323-346.

更多参考文献请访问：
http://www.zurer.com/pearson/bilingualchild/Notes-newpages3.html

后 记

在本书的英文版中，我为家长提供了一些关于语言学习的资源及信息，同时也在如何利用这些资源信息方面给出了自己的建议，大致分为以下几个方面：

- 用于个人交流的非正式渠道（包含不同语言）
- 媒体（书籍、连环画、歌曲、视频等）
- 弱势语言学校
- 双语语言治疗

尽管网络可以让我们更容易找到相关的信息，但是由于内容时常变化，很难将其像书籍一样阅读和整理。寻找中文的相关资源尤为困难，因为每一年的资源数量和内容都在发展和变化。所以，我建议大家不仅要重视现有的资源，最好也能不断探寻新的资源，并将探索范围扩大到全世界。

多语家庭的网络支持

英语中有句俗语叫"养一个孩子要尽全村之力"。可对于一个双语儿童来说，就要尽"全球之力"了。我强烈推荐父母和教师们能够在网络上找到这样一个活跃的"村子"，比如"multilingualliving"这个网站——它已经活跃多年，并且在网络上的影响力日益增长。

网址是：http://www.multilingualliving.com/

关于双语语言治疗

您所在地的大学或医疗机构通常可以帮您确认并补充您在网络上查到的信息。

联系我！

我诚挚邀请读者们通过我的网站联系我，您可以和我分享您的建议、遇到的问题，或是任何疑虑（我非常希望能够收到读者的来信）。

网址是：http://www.zurer.com/pearson/bilingualchild